献给关乎日本的一切美好记忆

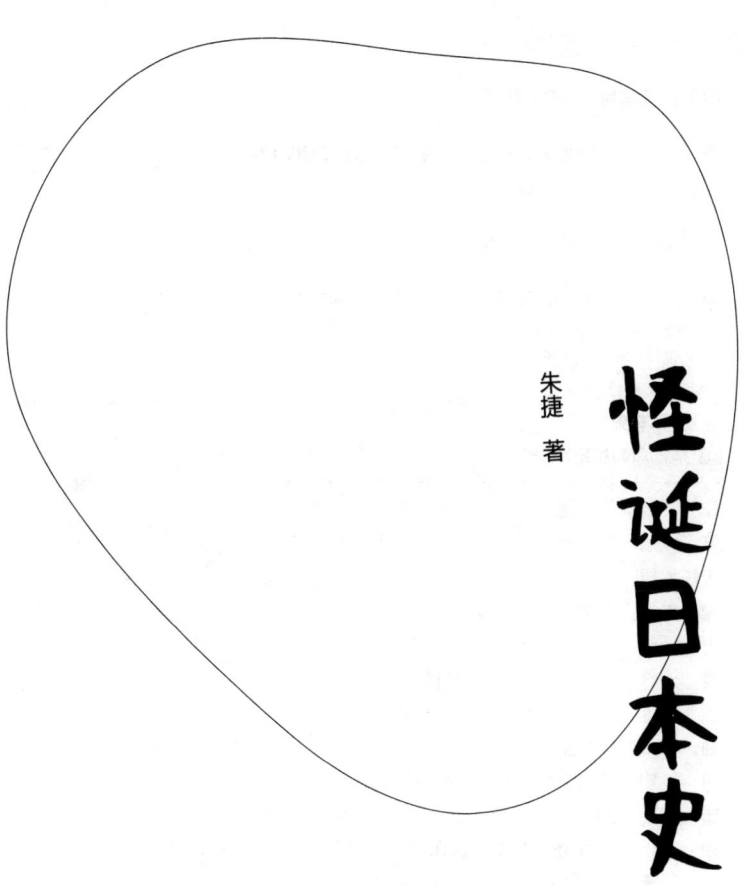

朱捷 著

怪诞日本史

人民东方出版传媒
东方出版社

图书在版编目（CIP）数据

怪诞日本史 / 朱捷 著. — 北京：东方出版社，2021.6
ISBN 978-7-5207-2114-1

Ⅰ.①怪… Ⅱ.①朱… Ⅲ.①日本—历史 Ⅳ.① K313.0

中国版本图书馆 CIP 数据核字（2021）第 047243 号

怪诞日本史
（GUAIDAN RIBEN SHI）

作　　者：	朱　捷
策　　划：	王金伟
责任编辑：	王金伟
责任审校：	金学勇　谷轶波
出　　版：	东方出版社
发　　行：	人民东方出版传媒有限公司
地　　址：	北京市西城区北三环中路 6 号
邮　　编：	100120
印　　刷：	北京文昌阁彩色印刷有限责任公司
版　　次：	2021 年 6 月第 1 版
印　　次：	2021 年 6 月第 1 次印刷
开　　本：	787 毫米 ×1092 毫米　1/32
印　　张：	9
字　　数：	150 千字
书　　号：	ISBN 978-7-5207-2114-1
定　　价：	56.00 元
发行电话：	（010）85924663　85924644　85924641

版权所有，违者必究
如有印装质量问题，我社负责调换，请拨打电话：（010）85924602　85924603

序言　朱君的"怪诞"及其《怪诞日本史》

朱君给自己这本日本论取名为《怪诞日本史》,似乎不乏"狡黠"的成分,甚至可以从中嗅到某种"战略性考量"的"阴谋"气味。老实说,作为一个应邀为该《怪诞日本史》写序的人,居然一开始就如此信口雌黄、妄下结论,这本身就足够"怪诞"的(估计,朱君已经后悔不迭了)。但左思右想,我还是觉得,这一书名确有几分"迎合"大众读者的意味,不,甚至是明目张胆地"挑逗"着大众读者的阅读欲望。想来,这是因为朱君显然对下列事实心知肚明:作为中国一衣带水的近邻,"同文同种"的说法曾在相当长的时间里占据着中国人日本观的主流地位,再加上近代以后,一直被我们视为后进国的"小日本"居然走在了中国的前列,率先踏上了近代化的征程,且在一段时间内，用武力侵占了我们"大中华"的大片土地，极大地伤害了我们国人的感情，从多种意义上颠覆了我们中国人对日本人的固有形象，也颠覆了我们习以惯之的自我定位，因此，在我们中国人眼里，日本人成了一个熟悉而又陌生的他者，一种邻近而又遥远的存在，甚至不啻一个近于怪异与危险的民族，以至于本尼迪克特在《菊与刀》中用一连串相互矛盾的修饰语（比如，"他们礼仪超群，但却目空一切，妄自尊大""他们行为举止非常刻板，但却善于适应激进的变革""他们温顺善良，但有时却冷酷得近于残暴"等等）对日本人所做出的描述，唤起了发自我们内心深处的强烈共鸣，也构成了我们对日本人之怪诞形象的一种普遍认知。

而就像是为了佐证并强化上述国人对日本人的认知一样，朱君在本书自序中就罗列了日本人的种种怪诞现象：1936年，日本发动全面侵华战争的前一年，怀揣情人的阳具彳亍在东京街头的阿部定；在1948年东京审判接近尾声时，与自己的女粉丝在东京玉川上水投河自尽的作家太宰治（近来风靡中国的丧文化代表作《人间失格》，就是他戏剧性生涯的如实写照）；还有于1970年（日本宣布投降后的第25个年头），在日本自卫队的市谷驻地，拿起短刀剖腹自杀的作家三岛由纪夫（据称，为他担当"介错"者——补刀人角色，随后也切腹自尽的圆脸青年森田必胜，乃是他的同性恋人），等等。显然，这些事实在很大程度上印证了我们对日本人的固有认知，坐实了我们对日本人的想象，也自然勾起了我们阅读本书的兴趣，欣然决定紧随在作者身后，去饱览日本的"怪诞"万象，以满足我们永无止境的好奇心和"窥探欲"。

但当我们带着被撩拨起的好奇心继续阅读后，很快就发现，作者向我们展示各种日本的怪诞现象，不外乎是一种写作的策略。作为一本面向大众读者的日本论著作，本书作者无意论述日本的整个历史或文化的所有层面，而是聚焦于自江户时代至今天的日本近现代历史。要知道，这一时期历经了甲午海战、日俄战争、侵华战争和第二次世界大战等，见证了日本在欧美坚船利炮的冲击下走上维新之路，决定"脱亚入欧"，并试图"挑战"或曰"超克"世界既有秩序的"辉煌"业绩与"惨烈"下场，堪称日本历史上最波澜壮阔的时代，充满了不断反转的戏剧性因素。因此，在围绕着这一时期所展开的日本论可谓汗牛充栋的情况下，本书并不试图与那些摆出过于正经面孔的学术书正面碰撞，也并不打算严格遵循历史的进程进行纯线性的梳理，而是注重撷取该时期历史上的重要现场或焦点人物，以"怪诞"作为关键词来串缀起那些貌似零散但却很可能充满了内在联系的历史瞬间，在用近于冷酷的幽默语言来凸显其中"怪诞"要素的同时，也不忘揭示这种"怪诞"背后的内在逻辑性，以向我们揭示日本作为现代国家得以产生、发展乃至失败到再出发的前世今生。正如作者所言，在现代化的进程中，不光是日本，包括东亚世界，乃至整个非西方地区都经历过，抑或正在经历着抵抗或沦陷、主动或被动转型等人力难以扭转的法则性演化过程，因此，对怪诞日本所表征的这一错综复杂的历史进程的探讨，也就对研究东亚乃至整个世界的所谓现代化进程具有了普遍性的意义。

诚然，围绕着这一主题所展开的日本论多如牛毛，但本书作者却不打算与那些卷帙浩繁的学术著作正面交手，无意发表高高在上的长篇宏论，而是另辟蹊径，故意让自己沉潜在大众读者的水平上，始终带着好奇的目光去打量日本社会的各种现象，去观察日本历史上的重大事件抑或暗藏玄机的细枝末节，与读者一起发出"啊，这好奇葩，好怪诞！"的鲜活感叹，从而制造出了与故作深奥的学术书大相径庭的趣味性和可读性。与此相呼应，本书摒弃了一板一眼的学院派文体，而是用带着点"戏说"意味的话语方式来凸显论述对象的"怪诞性"。特别值得注意的是，这种近于"戏说"的叙事策略不仅衍生出一种"酷酷的"幽默感，给读者带来了阅读上的精神快感，也有助于与固有的历史叙事之间制造出一种间离效果。既然所有的历史叙述都不可能是历史的原样再现，而不过是在主流话语下建构的结果，那么，以"怪诞"作为关键词来对日本近现代历史所进行的"戏说"，自然而然地因其有点无厘头的、搞笑的话语方式而充满了新鲜感和刺激性，进而具有了某种"革命性"，有可能对学界已经固化的日本历史叙事起到意想不到的解构作用。

通观全书会发现，本书作者并不满足于停留在对"怪诞"的罗列或是"戏说"上，而是在"戏说"与"正解"之间寻找着绝妙的平衡，尽可能从多种历史事实中去探究"怪诞"的起源，并逾越"戏说"的范畴来展开具有逻辑性的学理分析，比如，其对日本知识界关于"近代的超克"

这一言说之生成过程等的追溯就做到了深入浅出而又言简意赅，充分体现了作者高度的理论素养。正如本书作者所说的那样，历史并不是一成不变的，历史叙述有时候更像是文学创作，也理应兼具哲学的意味，因此，在这一意义上来说，"文、史、哲"是无法分家的。而这一思路和方法也贯穿在了朱君的《怪诞日本史》中。可以说，本书既是对各种怪诞现象的历史探源，亦是一种不乏幽默感的"文学叙事"，也在一定程度上带有思想史的特征。因为在本书作者看来，只有这样，才能透过"怪诞"的表象而去接近被种种言说所遮蔽或扭曲的历史真相。

朱君之所以能恰到好处地做到这一点，或许要归功于他的学术经历。硕士时期对日本作家太宰治的热爱与钻研激活了他身上潜伏的文学性，而博士阶段对包括沟口雄三等在内多个历史学家和思想史家的潜心研究，则砥砺了他在历史学和思想史研究上的学术功力。所以，他身上兼有文学青年的敏锐感性和身为学者的理性思维。唯其如此，他才可能在从事国家社科项目研究的同时，洋洋洒洒地写下《怪诞日本史》这一具有脱学院派性质的"怪诞"之作。

从某种意义上说，朱君本身就是一个充满"怪诞"意味的人。像他那样一个完全可以靠"颜值"吃饭的英俊青年，却偏偏要忍受寂寞的书斋生活，冒着发际线上移、眼袋松弛的风险，去与散发着尘埃味道的旧纸堆为伍，也委实不乏"怪诞"的意味。明明属于在大学教书和做科研的学院派人士，却偏偏要面向大众读者去写这样一本《怪诞日本史》，且重要的是，还写得如此有板有眼，让我（想必还有正在阅读本书的读者）欲罢不能，这就更有点"怪诞"了。而最最怪诞的是，一般而言，作序者即便不是学界泰斗，至少也得是具有市场号召力的名人，就算刷新下限，也得是自带流量的网络红人吧，而他竟然别出心裁地非要让我这个不啻"学海之一粟"的素人来为他写序。在我看来，这也未免太过"怪诞"了。

莫非，就因为是《怪诞日本史》，所以就一定要将"怪诞"进行到底吗？——我一直怀揣着这样一个疑问。但有趣的是，读完《怪诞日本史》之后，我竟突然有种恍然大悟的感觉：或许就像日本的"怪诞"背后有着它自身的逻辑性一样，谁能断言，朱君的"怪诞"背后就没有他自身的逻辑性呢？

如果循着这一思路而言，那么，朱君在《怪诞日本史》

上的"战略性考量"就远非鄙人所说的什么"阴谋",而毋宁说是对读者的公开"求爱"(对了,这是典型的太宰治式的话语和做派)。因为他渴望把"基于我个人日本体验的一次总结与反思"分享给亲爱而睿智的读者们,而且是以朋友之间侃大山的方式来共同享受一次原本有些枯燥乏味的"文化之旅"。

杨 伟

2020年12月22日于重庆歌乐山下

自序　怪诞日本

1936年，日本全面侵华的前一年，一位日本少妇怀揣情人阳具，出现在东京街头，神情迷惘，她的名字叫阿部定（1905—?）。在一场梦境般的巫山云雨之后，出现了上面那怪诞的一幕。日本作家渡边淳一（1933—2014）名作《失乐园》的原型即出于此，虽然最终结局大相径庭。

1948年，东京审判已接近尾声，东条英机（1884—1948）等战犯正在等待着属于他们的最后裁决。一位名叫津岛修治（1909—1948）的男子却与自己的女粉丝在东京玉川上水投河自尽，这是他的第五次自杀，并一举获得了最后的成功。对了，他有一个别名——太宰治，写过一本书——《人间失格》。

1970年，日本宣布投降后的第25个年头，一位头系"七生报国"字样头巾的男子，在日本自卫队的领地，拿起短刀剖腹，但未当即断气，在介错①数次后，男子难忍剧痛，试图咬舌自尽，最终由学习过居合道②的同僚再次介错，终获成功。他就是日本著名作家三岛由纪夫（1925—1970）。

日本，总能给人以一种难以言说的怪诞之感。维新以降，作为融合了东西方文明诸多内容的国家，日本进化的速度让人难以置信。于是，日本人几乎用不到一个世纪的时间便体验了人类各种情感思绪的纠葛：彷徨、抵御、激进、幻灭、自卑、自傲、期许、无力……怪诞的个人行径或许孕育其中。

但事实上，东亚世界，乃至全体非西方地区不都经历过，抑或正经历着这种人力难以扭转的法则性演化过程吗

---

① "介错"出自日本历史上为切腹者来担当补刀行为之人的称谓，是指在日本切腹仪式中为切腹自杀行为因某种原因失败后的补充斩首行为，以让切腹者更快死亡，免除痛苦折磨。
② "居合道"，又名拔刀道，在日本古代奈良或平安时代初期，武士常需要瞬间拔刀制敌，后来经发展，居合剑术便诞生于日本战国末期。"居合"二字象征对峙双方，而居合道最讲求的就是一击必杀。

(即所谓"文明")？比如，进程中的中华大地、挣扎并逐渐沦陷的阿拉伯国家、看似已经完美转型的日本。当然，其中有主、被动之别。我们在五四新文化运动中打倒"孔家店"，为中国向近代转型铺平了道路。数千年以血缘为纽带的宗族社会构型逐步瓦解，西方近代"自由、平等、科学"等一系列价值观念持续浸染着我们。但曾经中国士人的彷徨、抗拒与煎熬却非日本能及，这或许正是近代日本崛起之迅速的原因之一。

可是，日本的损毁也极具戏剧性，从明治维新开始，历经1894年甲午海战、1905年日俄战争，到1945年的无条件投降，"文明"的效仿者仅仅经历了数十年就迎来了自己的死灭。帝国日本的生命就像流星般划过天际，但却留给世人无数痛楚的回忆。如若从西方学生的角度来看，日本显然有其成功的一面，但作为既有世界秩序的挑战与超克者，日本最终以一败涂地收场。除去其自身的野蛮与失控，不得不说，开拓与模仿、学习完全不是一码事，前者往往比后者困难太多……

时至今日，如何与受侵害国家交往，对日本来说，依旧是一个棘手的问题。有一种说法是可以效仿德法关系的处理，但需要知晓，"二战"甲级战犯之一、东北沦陷时期伪满洲国的主要头目岸信介（1896—1987），即日本前首相安倍晋三（1954—　）的外公，也曾在20世纪50年代当选过日本首相，并且类似的战犯重新进入日本政坛的例子不在少数。

然而不得不承认，纵观非西方广袤大陆的应激与反应，日本实在是一个前卫的国家。它极早投入并体验了新兴的文明秩序。在迎合资本主义工商业文明的蜜月期里，这位或许可以称得上是"绅士"的家伙开始了其多重人格精神状态下的表演，行为怪诞、狂躁，时而自信自傲，时而自卑自悯。闹剧在1945年谢幕，在"文明"精神的引导下，绅士最终却以"一丝不挂"收尾，着实令人唏嘘。据说，日本维新时期的内阁组阁原则之一是"不知《易》者，不得入阁"，如果真是这样，他们一定没有领悟"盛极而衰"的真谛，或者后来的内阁组阁恐怕完全忽视了这一原则。

本以为故事会到此画上一个尴尬的句号，不料却未完待续……这位绅士华丽转身，仅用数十年，就剔除了狼狈不堪的战败者形象，在新的世界舞台上继续展现着自己那稍显另类的文明形象与优雅举止。

1964年的东京奥运会，当亲历"胖子（Fat Man）"原子弹爆炸的广岛青年把奥运圣火点亮之际，日本瞬间化身为世界和平的使者。曾经的南京大屠杀、731细菌部队、重庆大轰炸、偷袭珍珠港、巴丹死亡行军、马尼拉大惨案仿佛烟消云散，似乎因为那位青年火炬手，日本甚至还有了些许受害者的感觉。不过也是，日本人向来倾向于认为自己是"太平洋战争"的受害者，是被美国硬生生逼上了绝路。假使有如果，不知曾经的"东北大帅"张作霖（1875—1928）有幸看到东京奥运会的盛况会作何感想。

圆谷幸吉（1940—1968）是一位普通的军人，他在东京奥运会上为日本获得了田径史上的首块铜牌。当时的日本在田径项目上从未见过奖牌的影子，圆谷一下子成了国家英雄，他的家乡为他举行了庆祝游行，防卫厅长官为他颁发了"防卫特别贡献奖"。背负着国民的巨大希冀，圆谷于1968年墨西哥城奥运会前夕，留下一封遗书后，割断颈动脉自杀，年仅28岁。《伊豆的舞女》的作者，日本首位诺贝尔文学奖得主川端康成（1899—1974）对圆谷的遗书赞不绝口。四年后这位才华横溢的作家也以自杀的方式结束了生命，他选择了含煤气管，而非割断颈动脉……

来到现代社会，日本依旧显得怪诞。痴汉现象频发，入室盗窃的贼不偷钱财，却专对女性的内衣、内裤下手；喊着节约能源，夏季室内的空调却仿佛瞬间让人回到秋冬，白领们穿着西装打着领带上班有时仍需再备衣物；人口密度极大、资源短缺的日本，表现出的却是严重的浪费倾向，夜晚打烊的超市，员工们毫不手软地将大量生鲜食材扔进垃圾袋内；2019年日本自杀人数达20169位，但却是1978年有统计以来的最低值；冬季寒冷的冰天雪地里，随处可见裸露着大腿的女性与穿着短裤校服的小学生；即便上了中学，父女俩仍会一同洗浴……另一方面，无可否认，现代日本的工业依旧处在世界顶尖水准，他们的基础教育与高等教育水平卓越，公共基础设施体系完备，犯罪率在全球范围来说都是极低的。

虽然数年前的福岛核电站泄漏事件一度让日本颇为难堪，[①]但人们对灾难的记忆往往不会持续很久，就像生活在当下的我们还能感受多少第二次世界大战给人类肉体与精神带来的深重打击？随着时间的流逝，"3·11"东日本大

---

① 影响至今恐仍令人不安，如大自然赋予的丰富水产遭遇污染乃不争的事实。

地震也终将成为过去式，这场灾难以人祸加天灾的形式出现，不禁让人思考："文明"究竟是什么？人类社会急速前行，创造的"进步"这把利器最终会带领全人类走向何方？地狱、天堂、死灭、重生，答案只能留给时间，只因我们无法回头……

150年来日本波澜壮阔的世界级体验值得我们回望与深思。文明开化的表象依旧掩盖不了他们对天皇狂热崇拜的内质，欧洲的宗教改革在日本实则通过对万物有灵的神道教在国家层面的再整合而实现，最终演变为一种以国家神道形象出现的宗教强化行为。至今，天皇的出现依旧能让日本普通民众兴奋不已，而首相是基本上享受不到这种待遇的。

怪诞的日本源自何方，他又将何去何从？

目 录

序言　朱君的"怪诞"及其《怪诞日本史》／001
自序　怪诞日本／009

第一章　江户、洋人、将军

　　江户掠影　／001

　　搅局者　／004

　　吉田君　／008

　　兰学小史　／011

　　儒学气运　／014

　　"叛逆"思想家　／017

　　水户　／022

　　大老　／024

　　坂本龙马　／029

变节　/ 033

剧终　/ 035

第二章　明治、天皇、大佬

取经　/ 045

初代天皇　/ 049

立宪　/ 053

末代武士　/ 056

民权　/ 060

洋味　/ 063

福泽谕吉　/ 067

甲午海战　/ 068

军国　/ 071

日俄战争　/ 074

尾声　/ 078

第三章　大正、政客、民众

"望远镜"天皇　/ 087

虚无 / 092

走运 / 095

暴民 / 098

平民宰相 / 102

独立知识分子 / 104

天灾人祸 / 108

杀机四伏 / 110

精神 / 114

忍 / 119

湖南 / 121

裕仁 / 125

第四章 昭和、军人、恶魔

张大帅 / 132

失控 / 136

人算与天算 / 138

"满洲" / 140

乱象 / 144

公爵首相 / 146

武装侵略 / 149

南京! / 152

历史记忆 / 155

斗志 / 159

不安 / 162

回归 / 164

超越西方 / 166

延续 / 171

抉择 / 173

疯狂 / 178

末路 / 180

"圣战" / 183

覆灭 / 185

闭幕 / 187

第五章 战后、美国人、官僚

受降 / 194

挣扎 / 197

尴尬的裕仁 / 199

太上皇 / 203

改造 / 206

潘潘女郎 / 209

RAA / 212

新宪法 / 215

东京审判 / 218

离别 / 219

民俗学 / 222

独立 / 224

1955 / 227

安保斗争 / 230

"和平" / 233

盛会 / 235

田中角荣 / 238

金钱的魔力 / 240

失落 / 244

新世纪 / 247

写在最后 / 257

第一章　江户、洋人、将军

江户掠影

男女比例严重失衡，堪比我们现在的部分工科院校；统治阶级热衷于一种惨烈的行为艺术——剖腹；居民如若出国旅游一趟，回来极有可能被判处死刑……

这就是距今已有两三百年历史的日本江户社会。就时间段来说，它相当于我们的明万历（这位皇帝几十年不上朝）三十一年（1603）到清同治（这位皇帝的亲娘是大名鼎鼎的慈禧太后）六年（1867）。这是一个仅占岛国人口总数7%的武士阶层统治着农、工、商"三民"长达三个世纪之久的封建时代。

或许从曾经的江户风俗画中,我们还可以嗅到些许属于那个时代的气息——浮世、平淡、虚华和欲望。当然,走进现在位于东京都的江户东京博物馆也是一个不错的选择。总而言之,江户时代,值得我们去推敲与思考。

故事开始于1603年,一位名叫德川家康(1543—1616)的统治者在江户(现东京)设立了幕府中央政府机构。但结束战乱、使日本获得统一的人物并非德川,虽然他韬光养晦,笑到了最后。至此,德川本人作为当时日本的实际掌门人被尊崇为"征夷大将军",权力远远凌驾于在京都过着休闲生活的天皇。江户历代的将军们甚至都懒得与只被允许搞搞文艺创作与学术务虚的天皇见上一面,当然,更改日本年号的时候除外。

那时,德川幕府的主要经济来源是向农民征税,因此农民是严禁向工商业者转型的,武士阶层也是世袭制,所以社会阶级基本接近固化。这样的传统在今天的日本社会依旧存续着,日本家庭里的长子基本上会子承父业,比如"寿司之神"小野二郎(1925—)的儿子小野祯一(1959—)必然成为一位寿司制造者,即使他的父亲并不出名，只是一位市井小厨师，结果也是一样。而像动画电影《你的名字》的编导新海诚（1973—　）那样，放弃家族原本经营的建筑产业，转投其他领域的例子并不多见。

江户时期的农民生存状况相当惨烈，他们中的多数人目不识丁，通过村干部缴纳税物，其间被动手脚是一种常态。据说如若没法缴清税收，农民会被打进水牢（一种挖地三尺注满水的洞穴），在寒冬腊月的冰水里持续"足浴"数日。他们的妻子也会被当作商品摆上货架。

这是一个女性地位极低的时代。以武士们的家庭为例，不论他们的夫人出身如何，除了遵守"幼时从父，嫁后从夫，老来从子"的所谓"三从"，别无选择。统治者们认为女性没有必要读书，理由竟然是读书会令她们失去女人味。已婚的妇女则被要求用铁浆染黑牙齿，以示区分。女人被视为生育的工具，如果生不出儿子，自然难免被休的命运，这时候的休妻甚至被视作一项男人们道德上的义务。这么看来，或许当个农民的老婆在当时会是个不错的选择，普通家庭的主妇承担着一家人的饮食问题，毕竟民是以食为天的嘛！而且，农民也是没有经济实力纳妾的。

当代日本社会的女性地位已与江户时代不可同日而语，

但日本女性婚后往往也会选择辞去工作，专心做一位家庭主妇，相夫教子，即使她的事业正如日中天。比如在2017年，正红得发紫的女影星武井咲（1993— ）突然宣布婚讯，随即便隐退了。她与其前辈酒井法子（1971— ）一样是奉子成婚。因此，从某种意义上来说，日本依旧保持了东亚地区原始农耕文明的家庭分工形态。

可是总体来说，在日本女性的地位依旧偏低，至少相较于我们国家情况是这样的。近年来，日本学界的性别研究盛行，也是这一社会问题的表象。人们往往是缺什么，才喊什么，社会也同样。

搅局者

1853年7月8日，一位搅局者的出现，打破了这个远东国家的安宁，他就是美国海军准将佩里（1794—1858）。至今日本伊豆半岛南部的下田市依旧竖立着他的雕像，并刻着由大名鼎鼎的日本首位内阁总理大臣，即第一任首相伊藤博文（1841—1909）亲笔题写的"北米合众国水师提督佩里上陆纪念碑（ペリー艦隊来航記念碑·The Monument for the Arrival of U.S.N Commodore Perry's Squadron）"字样。完全没有一点仇恨侵略者的意思！看来对于这样一位彻头彻尾的武装入侵者，日本人是表示欢迎并感激的，前提是你要有足够的实力（武力）使其臣服。当然，就日后岛国百余年的经历来看，确实佩里也应该被树碑，并且是作为对全人类的一种记忆与警醒……

现今的伊豆半岛风景绝美，身处其中，不禁让人思考，壮美的大自然或许才应该是其真实的主旨。至少就我个人来说，是不愿意它与某一段特定人类历史进程扯上关系的，尽管人类与大自然本身便无可分割。

在这个东瀛小国（相对于它的三个邻居，俄罗斯、中国、美国而言）的近代史正式拉开序幕之前的17世纪20年代，有一位名叫希伯特的欧洲人曾到过日本。据他见闻，当时的日本男人全裸进出妓院就像进饭店一样，是生活的一大必需品。日本万元大钞上的人物、素有"亚洲第一私立学府"之称的庆应义塾大学创始人福泽谕吉（1835—1901）曾在自传中也有过类似男性惯于全裸的描述。怪不得当代日本的澡堂温泉等地，负责保洁的女性看见全裸的男性依然那般泰然自若，这或许就是传统的力量吧！

此外，与同时代明、清两朝"饿死事小，失节事大""贞洁烈女"的"礼教"思维方式不同，江户时代的一般女性并不重视处女纯洁、贞操名誉。甚至十岁出头就在所谓"前辈"的指导下进行交合，结婚后的互换性伴也被视作一种正常的社交行为。也难怪在那个卫生条件堪忧的时代，江户花柳病盛行。至今岛国的男女们因为配偶发生婚外情而离婚的比率并不高，他们中的多数会选择默认与容忍，性生活的和谐与否才是他们更为关心的问题，或许就与上述历史之沉淀不无关系。但这无疑会让我们感到些许荒诞，时常感慨，岛国的两性文化总是那么扑朔迷离。

不过话说回来，对于人类的整体繁衍存续，江户日本男男女女们所做之事又似乎合乎天道。中国古训，"不孝有三，无后为大"不也正是在阐释这个问题吗？早年中国家庭最重大之事也无非就是生娃，以此来保证家族血脉的延续。

言归正传，自傲的搅局者佩里与他那几艘船体被统一涂抹成黑色的船只一同出现在远东岛国人民的面前。很显然，这位东印度舰队的司令官对拿着旧式刀剑的日本平民毫无兴趣，他只想见岛国的最高领导人。令人啼笑皆非的是，他对天皇与征夷大将军的权力配比与政治地位知之甚少，没有做足攻略的佩里甚至或许只是因为"天皇"这两个字听上去更显高级，于是执意要求将美国第十三任总统的亲笔国书交给天皇。但他一定不会想到，即便交到天皇手里，也是徒劳，征夷大将军才是那个拥有最终决定权的人。

经过一番诡异的交涉后，搅局者上岸了，他竟然还受到了不错的款待。既然是款待，那么敬酒自然少不了。相关资料记载，有一位日本官员在豪饮"千杯"后，竟然搂着这位美国司令，赞美着日美相互间的友谊。此刻，日本男人醉酒后的失态与恶趣一定暴露无遗，而佩里的内心恐怕是拒绝的。

但背负着资本主义工商业文明扩张使命（实质是为了美国的单边贸易权益）的佩里很清楚自己要什么，不然他没有必要没事带着63门大炮吃饱了撑的远渡重洋光临岛国。所幸，与"二战"时期头脑发热的日本军人相比，这时候带着浓烈乡土气息的日本领导层还挺有自知之明（实际上日本人的小心思从来不会少，当时也实在是迫于实力悬殊的无奈）。于是经过几番周折，如找天皇商量（真是难得），江户幕府于次年3月3日同佩里在神奈川签下了《日美亲善条约》，开放了下田、函馆两个港口，允许美国船只停靠，进行加煤上水与粮食补给。事实上，辛苦的佩里跑了两趟，或是出于武力威慑之需要，第二回他又增加了3艘战舰。不过，"功夫不负有心人"，他也因为成功打开了日本的国门而名垂史册。

吉田君

1854年3月13日，春风得意的佩里开始了他的返程之旅。可是，当他的舰队在18日途经下田时，有一位名叫吉田松阴（1830—1859）的青年苦苦相求想要上船，前往美利坚。结果当然是被拒绝，即使吉田君在这里久久等候了数个日夜也是枉然。

吉田绝不像我们现在的部分人士那般崇洋媚外，恨不得自己重新投胎进入发达资本主义世界。他渴望了解西方世界以自强，正可谓："知己知彼，百战不殆。"但最终吉田君还是因为冲动行为而受到了惩罚，被捕入狱，并且牵连了自己的老师佐久间象山（1811—1864）——另一位幕末有名的思想人士。

故事到这里，大家或许会有疑惑，这样一位偷渡犯式的小人物何以能进入历史的宏卷。但是，只要把他日后的学生罗列一番，大概就能明白其历史地位。实际上，这位当时的非主流青年最终缔造了日本整整一个时代的主流，影响可谓深远。他的学生有：明治维新元勋、九大元老之一的井上馨（1836—1915），明治维新三杰之一、推进"版籍奉还""废藩置县"的木户孝允（1833—1877），日本陆军之父、参谋本部长山县有朋（1838—1922），日本首任内阁总理大臣、立宪政友会创始人伊藤博文（没错，就是为佩里亲笔题词的那位）等近代日本初期领袖级别的人物。因此，吉田君理所当然地被认为是明治维新的精神领袖，并一跃成为日本万恶军国主义思想的主要来源。当然，倘若最终幕府统治没有被推翻，日本历史没有朝着明治维新的方向走去，他确实就是一个小人物，或许还很有可能被塑造成一个反面小丑，为岛国的后人所警诫。

吉田君这样的人物，反叛是骨子里带出来的，即使在大牢内,他也是闲不住的。这不,著名的《幽囚录》就是这段牢狱生活的产物。在这本书里,他呼吁日本要组建自己的国家舰队,并制定了"垦虾夷,收琉球,取朝鲜,拉满洲,压支那,临印度"的国家计划,"虾夷"为北海道旧称,"琉球"就是现在的冲绳。这几乎就是岛国日后的战略路线图呀!所以吉田君被视作日后日本发动殖民侵略扩张的理论奠基人,虽然他只是一个内心狂妄的读书人、狭隘的极端民族主义者。

有趣的是,吉田君对我国的大儒王阳明(1472—1527)颇有好感,也读过其著名的《传习录》,"知行合一"的观念在吉田君那里很有可能被理解为:"想到了就去做吧!"比如偷渡。明末李贽(1527—1602)的《焚书》也深受吉田君喜爱,甚至还到了"言言当心"的地步,李贽的反叛精神无须赘言,吉田君一定认为他是自己的同道中人,虽然我们的李贽未必这么想。

然而,闹事终将付出代价。吉田君在偷渡事件后的第五个年头再度被捕,并最终被勒令斩首,时年30岁。临刑前一天的傍晚他写下了生平最后的著作《留魂录》……

不久的将来,吉田的老师,佐久间象山也被日本保守势力所暗杀。日本动漫《浪客剑心》主人公——绯村剑心，即是以暗杀象山的刺客河上彦斋（1834—1872）为原型创作的。

兰学小史

"兰学"实际上就是来自荷兰的学问，包括其文化和技术。在西方世界里，荷兰最早介入东亚，所以岛国人民当时接触的西方文化即为荷兰文化，简称"兰学"，类似于他们将古代中国文化称作"唐学"。

必须知晓的是，近代资本主义工商业文明的早期发源地正是荷兰。作为世界史上第一个资本主义共和国，其国土总面积虽然只有两个半北京的大小，但在16世纪中叶，它的贸易量却占了全球国际贸易总量的50%以上。并且，荷兰还建立了近代历史上第一家股份制公司——荷属东印度公司、首个证券交易所和首家银行。17世纪的阿姆斯特丹则是当时全世界最重要的港口和金融中心，没有之一。

吹捧了半天荷兰，那么重点来了，既然是搞贸易的，那么以扩张的方式来获取利益就是其本质需求，还记得佩里远渡重洋莅临岛国的真实目的吧！只是佩里黑船来袭的年代，资本主义经济的重镇已由荷兰渐转至英美。所以按照套路，他们必然要出来搞事。南宋婺州永康人陈亮（1143—1194）说得好："天下大事之所趋，非人力所能移也。"早期的日不落帝国锋芒毕露，今日的全球化势成必然。

在佩里到来之前，江户日本实行了200多年的锁国政策，能与外界取得联系的唯有长崎一地。没错，它经历了被美国"胖子"原子弹轰炸的不幸。就地理位置而言，它与我们的上海仅800公里之隔，倘若有座跨海大桥，可比自驾游去北京近得多。而兰学在日本的勃兴就从这里开始。

宗教的魔力是巨大的。德川政权早期，由于忌惮基督教威胁统治阶级的利益根基，只要被官方认定是具有相关神学思想的书，一律归为禁书，甚至众多基督教信徒惨遭杀戮。于是乎，伴随基督教文明的兰学逐渐偃旗息鼓。

1720年，一位名叫德川吉宗（1684—1751）的统治者出现，才让兰学的生存状况有所改善。因为，这位幕府第八代征夷大将军、德川家康第十个儿子的孙子颁布了"洋书解禁令"。

除了吉宗自身对西学抱有浓厚的兴趣外，当时的日本社会农民起义与乡村暴乱频发，如若作为纳税主体的农民持续罢工造反，显然将比基督教思想的传布更不利于幕府的统治。何况，农民农耕劳作是靠天吃饭的活儿，历法的精确与否在很大程度上影响了他们的收成。收成不好，负担加重，"要粮没有，要命一条"的造反念想就容易滋生。当听说红毛国人（当时对荷兰人的一种叫法）的历法比东土更为精准后，吉宗毅然决定兴兰学。后世评价这位将军最大的功绩也正是稳定了米价，并尊称其为"米将军"。

所以，吉宗将军感兴趣的也绝不会是欧洲那套纯逻辑假设的理性思辨，实用才是王道，才是他兴趣的源泉。但不得不说，科学的基础恰恰就是哲学思辨，或曰哲科思维，科学主义亦成为当今世界的价值主流。然后，祈望它不会向宗教信仰的形式突进，从而失去其本真。

然而，吉宗的继任者们未必都会像他那般开明。比如他的儿子，号称"尿床将军"，自小体弱多病，即便想开明也未必有那个体魄折腾，因为玩开明也是需要斗智斗勇的。在保守思想依旧占据主流地位的时代，兰学与兰学者们的危险境地也就可想而知了。

新事物的出现往往会受到旧势力的万般阻挠，且不论孰优孰劣，流血牺牲在所难免。兰学爱好者佐久间象山与他的学生吉田君相继被杀就是例证，虽然他们都是清一色赤胆忠心的爱国者。

兰学，最终还是为日本此后顺利嫁接西方文明奠定了良好的基础。

儒学气运

对于佐久间象山来说，他一定想不到自己的爱国行为实则起到了瓦解国家统治阶级意识形态的作用。他以笃信儒学的人生姿态，干着破除儒学的事儿。

说起儒学，它可是延续了2000多年的中国"国教"。其核心思想为人伦道德，并且这套伦理学建立在一种个人几乎无意识的"自然"法则之上，换句话说，"自然"的秩序是儒学的主要依据。

比如，儒学滥觞孔圣人（公元前551—前479）口中的

"君君臣臣、父父子子"就是基于自然的人类原始血缘关系而形成的社会人伦结构规范。

说得通俗一点,父亲永远比儿子辈分大吧,这是一种"自然"法则,无从改变,你只有遵循的份儿。继而孔子以父子关系作为基础,比拟出君臣关系,结论是,如果作为臣子就要安分守己,因为君王永远比你大,否则你就是乱臣贼子。儒学倡导的"尊卑有别,长幼有序"对中国数千年来的稳定起到了极其重要的作用,但同时也压抑了某些可能对未来发展较为有益的竞争。

日本德川幕府的官方意识形态就是儒学,并且是经过中国宋朝人改造的所谓"新儒学",然后由日本学者对其进行阐释,最终表达为一种对权威绝对服从的政治思想。

而兰学是什么?兰学就是近代科学,它是将自然作为研究对象的,自然在兰学那里绝非神圣不可侵犯的。因此,在近代自然科学占主导地位的今天,人类把自然改造成了这番模样也就不难理解了,甚至克隆技术都可能让你去生产出你的父亲!这事要放到中国古人,哪怕是一两百年前的中国读书人身上,他们绝对连想都不敢想,因为他们还都是"儒生"嘛。

有人说中国宋代有火药呢！这不就是科学的技术嘛！但别忘记，那是人家道士求长生不老，整天沉迷于炼丹，重金属经常爆炸所致的经验总结，并不是以科学的精神去发明火药。然而，现代科学也未必靠谱，仅就宇宙观来说，从哥白尼（1473—1543）的日心说，到牛顿（1643—1727）的绝对时空说，再到爱因斯坦（1879—1955）的相对时空理论，以及今日仍未被大众所广泛认知的量子力学，还不知道下一期又变成了什么理论呢！不过，科学就是一个不断被证伪的过程嘛，这也无可厚非。

所以，兰学实在容易对幕府的政治统治合法性构成挑战。幕府借鉴吾国儒学而制成的一整套意识形态在兰学面前是很容易被证伪的！更何况靠古人五官感知的世界向来都不太真实准确，曾经的"天圆地方"认为天空是一个半圆的盖子盖在平地上，现在看来虽然离谱，但它正是古代王权统治的重要基石，并且来自"眼见为实"的自然观测。

而且，"中国是世界的中心"这一命题也随着兰学分支——地理学的介入而被证伪。这对江户的儒者和领导阶级来说倒未必是件坏事，至少在情感上他们更乐于接受这样的事实。当然，岛国的儒学者们应该不会幻想日本才是世界的中心，但看看日本文献曾记载的江户儒者留下的语录，"吾国儒书甚为流行，多少阅读儒书者，皆以唐为中国，以吾国为夷狄。更有甚者，以自己为夷狄而悔恨痛哭"，也真是可歌可泣啊……

"叛逆"思想家

历史经验告诉我们：日本这个国家，是需要榜样和标杆的，不然它很容易迷失自我。正所谓：榜样的力量是无穷的。

如若有类似于前辈、老师那样的引导者，他将会是一名极为优秀的学生，甚至很有可能"青出于蓝而胜于蓝"，优秀到让人刮目相看，甚至心惊肉跳的程度。这是他的优势，亦是其劣势。

曾经的老师中国，孜孜不倦地传授给岛国各种武艺，乃至高大上的治国方略。从早期政治制度的律令制到江户儒学，甚至连作为文化承继最为基础，也是最重要的载体——文字都倾囊相授（当然，主要是日本人好学）。即便是日本佛教，也是通过用汉字表述的汉译佛典这一媒介经由朝鲜半岛传过去的，几乎与印度原始梵文佛经没有多大关系。这么想来，朝鲜算得上是岛国文化的父亲，而中国则称得上是其爷爷了。

但结果却让人大跌眼镜，1911年日本干脆直接干掉了朝鲜，致其亡国，1937年全面侵华战争爆发……完全翻脸不认人啊，够狠！虽然，岛国人民对曾经老师的态度还算可以，是"曾经"！当代多数日本人依旧对古代中国和中国文化怀有敬意。

清代是吾国传统文化最后的收尾阶段，也是集大成之阶段。皇帝们励精图治，虽然身为满族人，但他们对中国传统文化的理解与把握丝毫不输汉人，看看康熙（1654—1722）的《庭训格言》便可了然。即便其继承者们未必都那般优秀，但基本水平绝对不差，特别是相较于明代那几位玩木工活儿、炼金丹、喜少妇的奇葩天子宝宝们，清代皇帝对待学习工作的态度可谓端正。应当说，早期满族人也酷爱学习，当然，汉文化强大的渗透力也不容小觑。随之，以"儒学"为首的传统文化各方面趋于成熟，传统学术取得巨大成就。所以即使在21世纪，对主流传统文化最优质的解释与考证，几乎仍一律出自清代学人之手。

但事物走到极致的状态是很危险的，正所谓"物极必反"。"儒学"发展到全盛状态，此后中国便开始了一路衰败（原因众多，思想文化层面的自闭是为一例），以"儒学"为根基的农耕文明体系在百余年间全面崩塌。英帝国仅凭借几十艘舰船、四千余士兵，就将数亿人口的泱泱大清打到趴下，这实在是世界史上的稀罕事，除了用气数已尽来形容，好像也再别无修辞。可叹的是，中国传统学问体系下的学科分类"经、史、子、集"都早已被世人所遗忘，取而代之的是"语文"和被视作真理的舶来品"数学、化学、物理……"。

同时代的日本则不同，它本身就以中华文明的学生自居（个别神经错乱的极端分子除外），所以并不会对"儒学"特别执着。过去将中国视为榜样的岛国思想家们想要换个老师也很正常，况且曾经仰慕的老师都被人打了，作为学生能不慌嘛！并且，原先岛国就有一批比较"叛逆"的思想家，在他们心中永远是"日本第一"。

1644年，大明灭亡后，清人入主中原，日本国内就曾兴起一股文化复古的潮流，"叛逆"的思想家们可谓早期的右翼分子，他们信奉日本民族自身的优越性，甚至认为日本应当取代中国，成为中华文明的正统。

比如他们强调，日本皇室血脉纯净，中国动辄易姓革命，朝代更迭频繁，清朝更是非汉人的统治集团。这样的表述很容易让人想起"崖山之后无中国，明亡之后无华夏"的说法。但仔细分析，中华文明实质上是一个农耕文明与游牧文明互相作用的产物，秦汉帝国与匈奴，隋唐帝国与突厥，两宋面对的游牧民族之强盛无须再提，之后蒙古铁骑干脆灭了宋直接入主中原，朱重八（朱元璋，1328—1398）的出现又使中国重归汉人，直到清军入关……

不得不说，广义上的中华文明就是在这样一个此消彼长的过程中逐渐形成与发展起来的。易姓革命、朝代更迭也符合中华文明"德治"的逻辑，造反者推翻"霸道"，重拾"王道"乃顺应天命，正可谓："天下之生久矣，一治一乱。"但自始至终与大和民族好像都没有什么像样的互动关系，有，也只是他们单方面的学习与朝贡罢了。更何况岛国人民极其崇拜的大唐，其领袖（如李世民）就有四分之三，甚至更多的鲜卑血统。所以岛国"叛逆"思想家的说法立不住脚。

开明将军德川吉宗想必还记得吧！这批思想家就是在他那个时代开始崭露头角，并逐渐成了气候。理由很简单，吉宗倡导兰学呀，兰学的引进瞬间瓦解了"中国是世界的中心"这一东亚世界的普遍信仰。本来就蠢蠢欲动的"叛逆"思想家们能不兴奋嘛！于是，他们开始兢兢业业寻求日本卓异的证据，古代的诗词歌赋、原始的神道教（其实就是大自然崇拜，万物有灵说）、天皇的血统等等都成了他们的素材，比如哥白尼的日心说竟然硬生生与日本的"天照大神"（日本神话传说中的太阳女神）扯上了关系，不得不感慨"叛逆"思想家们丰富的想象力和一流的附会能力。甚至到后来还出现了专门通过贬低别国，来凸显自己优越性的卑鄙行径，比如大思想家、日本万元大钞上的人物福泽谕吉的"文明论"那套东西。

当然，对于迫切想要从中华文明圈解放出来，摆脱自身"夷狄"身份的岛国思想家们，其情感诉求也可谓合理。毕竟身处各自时代旋涡中的主人公之处境，远非我等挥动笔杆子之人所能通彻。

但我们始终应当坚信，每个人都是这个世界上独一无二的存在，民族、国家也同样，即便人类文明最终的主干通道只有一条，但达成的方式也绝不会千篇一律，开放、包容的姿态才应该是最为正确的打开方式。

水户

"叛逆"思想家们的大本营在日本东北地区一个名叫"水户"的地方，故名"水户学"，他们早期信奉的同样也是中国儒学，只是发展到后来有些变味了。尤其是1644年清军入关以后，日本人不将中华文明理解为农业文明与游牧文明互相作用的结果，他们认为清朝统治下的中国已经"华夷变态"，夷狄"清"取代了中华，故出现了上述部分岛国思想家从专释儒学转向发掘日本传统优越性的现象。

此外，水户这个地方的小头目与中央领导不太一样，似乎对过着悠闲小日子的天皇格外敬重，可谓"尊王"思想突出。既然当地老大的意思很明确，那么某些具有绝高悟性的学者自然就会站出来，比如藤田幽谷（1774—1826），他用著作《正名论》歌颂远在京都的天皇大人，并使出了吃奶的劲儿来抬高其历史地位。德川家康要是泉下有知，估计会被气得吐血。

而他的学生会泽正志斋（1781—1863），一边继续巩固师父的尊王思想，一边结合周遭境遇（如西方宗教的侵入），鼓吹"攘夷"，称基督教为邪教，应该把来到岛国捣乱的西方蛮夷全部干掉。真狠！佩里准将要是事先知道有这样的恐怖分子，估计是不敢来日本了，好在佩里也将日本视为蛮夷之地，以为岛国只有一群不开化的愚蠢原住民……

不过仔细想想日后西方对日本造成的心灵创伤，只能说会泽还是有先见之明的，但历史发展的趋势人力根本无从改变。坚定的排外论者会泽，其本人就是勤奋的兰学者，他的一系列思想之源头也来自西方（不过"尊王攘夷"思想倒是源自吾国的儒家经典《春秋》）。

会泽看到了西方强大的背后，宗教信仰起着至关重要的作用。于是，他认为日本的政治与宗教也需要统一起来，日本古代先民出于对大自然崇拜而形成的神道教信仰应当与神话故事里的太阳女神以及天皇家族的血缘谱系相结合，最终统合为一种天皇统领下的全民信仰，继而，天皇将成为上帝，岛国也将成为神的国度……

不过，会泽绝不会想到，"政""教"的合一最终将岛国送上了绝路。不得不说，仿效西方是要付出沉重代价的……

更何况，之后一系列的史实表明，日本仿效的是西方世界里最为黑暗的某些方面（如海外殖民、种族歧视）。并且，日本人团结在天皇这位现世"上帝"的手下，迸发出了堪称人类史上最具破坏力的邪恶能量。

大老

我们的故事还需要回到佩里，因为这位狂傲的搅局人搅动的是整整一个时代。自从幕府与佩里签订了那份《日美亲善条约》（日文"亲善"为"友好"之意，实质为不平等条约）后，日本社会就再没有过半刻安宁，直到近一个世纪后的1945年才渐趋平息。

1854年，佩里轻轻地走了，貌似没有带走一片云彩。然而，原本安定的岛国却从此乱象丛生，阴谋不断，杀机四伏……大家完全可以想象鸦片战争之后的中国社会，或者是1912年末代皇帝溥仪（1906—1967）退位，袁世凯（1859—1916）称帝失败之后，那个军阀割据的年代，从"东北王"张作霖、"东南王"孙传芳（1885—1935）到秀才出身的直系军阀首领吴佩孚（1874—1939）均死于非命，一言以蔽之：杀人是那个时代的主题。

另外，或许由于和平年代的管控过于严厉，佩里的到来也在一定程度上释放了部分岛国人民的天性。他们开始变得狂躁不安，暴力画面开始不断涌现，当然也夹杂有某些怪诞式的场景，如在众目睽睽之下的男女交合……

至此，"尊王攘夷"不再是无聊的口号，它成了革命志士推翻幕府统治（简称"倒幕"）的一纸战书，血腥的暴风雨随即来袭。

1858年，一位幕府大老（"大老"是江户时期对最高级别官员的称呼，类似于古代中国的宰相）与美国签署了一份新的不平等条约——《日美修好通商条约》，这实际上代表日本已经失去了关税自主权，虽然条约的名字依旧打着"友好"的名号。

两年后的1860年3月24日，天寒未明，江户的马路上满是积雪，一伙暗杀集团由东京都的品川出发，途经港区，潜伏于这位大老的宅邸附近。上午9时许，大老准备出发前往彼时的将军府，60余人的护卫队围绕着大老的坐轿一同出现，场景可谓壮观。

随后，一位伪装成拦轿喊冤者的刺客出现，他手持诉状，与大老护卫纠缠起来，随即冷不防拔刀砍杀护卫。慌乱之际，又一刺客拿起手枪向大老的坐轿开枪，子弹直接射中其腰部和大腿。枪声作为发动总攻的暗号，大老危在旦夕……

继之，暗杀集团的稻田重藏攻入了大老坐轿附近，但遭到护卫队的奋力抵抗，被乱刀砍死。随后一位名叫有村次左卫门的武士成功突围，并一把将大老从坐轿中揪出，当场砍掉其头颅，血溅江户城！

事发地点为现东京都千代田区皇居景区的樱田门外，这位大老就是幕末赫赫有名的近江彦根藩主（"藩"类似于今天美国的州，享有自治权，"藩主"相当于州长）井伊直弼（1815—1860），刺客则主要来自"叛逆"思想家的大本营"水户"。此次暗杀事件史称"樱田门外之变"，即"日本安政七年政治暗杀事件"。

事后，各自逃散的暗杀团伙成员亦几乎相继切腹自尽，唯有两名刺客最终看到了明治的曙光。大老家的护卫军则由于护卫不利,轻伤者全部剖腹自杀,无伤者和轿夫一律被斩首……

一般认为,井伊大老遭暗杀的原因主要有两个方面。其一,签订了那个惹祸上身的条约。对于这一点,估计大老自己也无可奈何,幕府实力不济,作为第二把手的井伊心知肚明。

但问题是,他竟然也选择无视那位作为岛国精神领袖的天皇,况且此天皇非彼天皇,经过佩里事件(幕府曾找他商量过开国一事,让其体验了一把存在感)后的孝明天皇(1831—1867)俨然已经有了自己的想法。这回,大老甚至都没有在形式上征得天皇的同意,就签订了卖身契,而且还一发不可收拾,连续签了五个国家(分别是:美、俄、荷、英、法,统称《安政五国条约》)。这让水户的人怎么受得了?人家是要"攘夷"的,并且是在"尊王"的基础上,井伊大老既不"攘夷",也不"尊王"。

此外,第二个原因就是对新一届幕府最高领导人的选举,大老一票否决了来自水户藩的候选人,推举了自己利益集团的人,这倒无可厚非,但他再一次得罪了"水户"。

迫于压力，或者是想给个教训，事后大老发动了著名的"安政大狱"，又迫害了一大批水户藩的人（外加一些攘夷派人士）。对了，吉田君就是在这个时候牺牲的。

毫无疑问，井伊大老真可谓彻彻底底得罪了"水户"。人的忍耐是有限度的，更何况是"叛逆"思想家聚集之地的水户人。之后的事情大家都已经知道了。

惨死后的井伊至今依旧是绝大多数日本人口中的恶霸。但我曾经到过日本滋贺县（即以前的彦根藩），发现当地老百姓口中的井伊好像并非如此，甚至是个明君，主事当地的时候据说还干出了相当不错的政绩。所以啊，人物评价永远都不是非黑即白的。"恶霸"身上也一定有闪光点，大善背后隐藏的或许就是大伪。更何况人类社会对善恶的区分，很多时候并非先天确定，而是来自后天的教导。正可谓："教育产生类别，而教育又能消除类别间的差异。"

此外，大老生前留下了一句经典台词"一期一会"，解释为汉语即为"一生只有一次"，它至今仍是岛国人民使用的高频词。

坂本龙马

这位名叫坂本龙马（1836—1867）的小哥想必部分国人都似曾听闻，在岛国那更是家喻户晓。他时常成为小说、电影、电视剧的主角。日本大河剧（以时代和历史人物为主题的影视作品，内容比较真实严谨）就有专门的《龙马传》。此外，据说像龙马那样一头乱发、腰佩刀剑、放荡不羁的浪人形象在战后日本社会人气极高。不过也是，至于大河剧，岛国人民好像最爱看的就是日本战国时代与幕末的历史故事，正所谓乱世出英雄嘛！并且，对于战后的日本人来说，消逝的武士本身已经具备了一定的神秘色彩，更何况是龙马这样有着传奇人生经历、还为倒幕立下汗马功劳的武士。

故事似乎又要回到佩里，这真是一个绕不开的人物。不过不得不说，即便这位美国人不来，幕府的统治在晚期同样已经显露出了各种颓势。比如高人一等的武士大多数无用武之地（就是闲），经商吧，又显得憋屈，面子上过不去啊，毕竟江户日本的阶级是有明确划分的，武士和商人分别排在最前和最后，所以穷困潦倒的武士不在少数，但绝不是坂本龙马。

龙马君可是位有钱的主儿,其祖上是买卖清酒(借鉴中国黄酒酿造法而发展起来的日本国酒)的,并且几乎到了垄断经营的程度,可谓富可敌个小国。另外,人嘛,多是贪婪的,钱多到一定地步,就自然会想要名,龙马家也不例外,他们当然想要改变自己卑贱的商人身份,于是就花钱购买了一个武士身份(虽然是最低等级的那种)。因而,龙马君出生即顺利成为一名武士,啥都不缺的他应该也是挺闲的,早年把玩把玩刀剑可能纯粹是出于兴趣爱好,抑或身份需要。

但随着年龄的增长,作为武士,生活上的刻板乏味使得龙马深感厌倦,生性爱自由的他便独自一人前往首都江户闯荡,类似我们今天的北漂族。

首都的政治氛围浓厚,龙马在江户的剑术馆一边修剑术,一边与来自全国各地的年轻人讨论天下大事,后来又加入了什么勤王党(一听名字就感觉很反动),甚至毅然脱离了自己所属的土佐藩。在那个年代,"脱藩"(相当于脱离祖籍)可是重罪,不但本人要被处死,家族成员都会受到牵连,龙马君胆子可真够大的!理由据说主要还是生性爱自由。附带说一句,"脱藩"之人所能走的唯一道路只有造反……

此外,纵观人类历史的发展,思想的启蒙可谓至关重要!龙马的行为也一定与其在大城市受到的政治思想启蒙有关。正所谓"物以类聚,人以群分",叛逆的龙马君最欣赏的也是来自"叛逆"思想家大本营水户的"尊王攘夷"那套思想。

于是,满脑子民族大义的龙马君决定刺杀一位他眼中的卖国贼——幕府海军创始人、知名兰学家胜海舟(1823—1899)。作为1859年日本首批派往美利坚合众国的公使团成员,胜海舟历经37个日夜,到达旧金山,成为首批成功横渡太平洋的岛国居民。他亲眼见证了在资本主义体系下运转的美国之强大,并认为:要想保全日本之独立,唯有打开国门。

当然,胜海舟的想法龙马君是不会理解的,作为年轻的热血武士,他只会觉得这位官员是一名彻头彻尾的懦夫,其行为无疑是在卖国求荣。事实上,胜海舟相当睿智,他的大局观还表现在日后其对日本发动甲午海战的担忧。但遗憾的是,最终岛国的行事方式却更偏向龙马君。

据传当时胜海舟面对前来索命的青年，非常淡定地说道："我和你一样热爱岛国，但外夷当前，唯有学习其技术才能以牙还牙，开放国门乃无奈之举，现阶段亦只能隐忍……"听完这番话，热血青年龙马君竟然当即跪倒在地，并为自己的不识大体赔罪，颇有漫画《灌篮高手》里三井寿跪倒在安西教练面前忏悔的既视感。如果这就是历史真相，那么，只能说龙马君天生就不是一位合格的武士。为何？请回看井伊大老被砍的场景。

事后胜海舟还收了龙马君为徒，将其留在自己身边。不得不佩服胜海舟的胸怀与气魄。

数年后，龙马君因成功促成岛国西南边长州藩与萨摩藩的结盟，一举成为拉开倒幕维新序幕的英雄人物。实际上，撮合这两个地方政权绝非易事，甚至原先的长州藩与萨摩藩关系极其恶劣，水火不容。但他们却有一个共同特点，那就是都吃过洋人的亏（史称"萨英战争"与"下关事件"），被洋人蹂躏过，深知"攘夷"太难了！于是，在龙马君的全力撮合之下，他们综合计算了各种利益得失，充分估摸了风险之后，"倒幕"成为他们的一致诉求。

变节

纵观人类历史，必须说，思想的能量是极其巨大的。倘若再加上某些现实情境的触发，其毁灭性与创造力往往能带来一个时代的变革。江户晚期的日本就是如此，水户藩的"尊王攘夷"思想配上佩里这样的搅局者，幕府统治岌岌可危。

长州藩是一个位于日本本州岛西部的地方政权。在早年岛国的内战当中，长州藩吃了败仗，被德川中央政府排除在核心权力圈之外，一直备受冷落，后来水户藩的"尊王攘夷"思想在这里自然就深得其心，加上幕府的开国行为，更是坚定了其"攘夷"的信念。于是说干就干，长州藩在下关这个地方设置了炮台，开始以一己之力攻击外夷过往的船只。

结果可想而知……

在美、英、法、荷的联合"教育"之下（军舰17艘，大炮288门），长州藩乖乖撤去了炮台，赔了不是。

没办法，知道了外敌厉害的长州藩只能另寻思路，于是便把矛头指向了岛国内部。开国、签订不平等条约都是双方行为，既然外夷赶不走，那就应当问责开国的幕府，长州藩决心"倒幕"，何况这时候的幕府已经呈现衰败之势，应该远比外国人好对付。

再说一下萨摩藩，这个藩就有点人格分裂的意思了，它虽然积极参加"尊王攘夷"，但也支持幕府，是所谓的"佐幕派"，还曾经协助幕府大哥一起征讨过长州藩，并就此与长州藩结下了梁子。不过这个藩的武士比较狠，曾经砍过英国人，还是幕府老大哥出头才把这件事情摆平（赔钱，外加赔不是）。经过这么一茬事儿，这位小弟估计也看出了幕府大哥的颓势，并且领教了洋人的厉害。

基于上述经历，加上龙马君的三寸不烂之舌，1866年两个原本交恶的藩竟然秘密结盟了。对于萨摩藩的叛变，幕府甚至完全被蒙在鼓里……

于是，同年幕府准备再次征讨长州藩这个顽固分子时，萨摩藩无动于衷。更奇怪的是，原来一心喊着"攘夷"的长州藩竟然还接受了英国人的援助，真是令人不齿！结果自然是幕府大哥讨伐失败，连长州一藩都干不过的中央政权至此颜面扫地，权威不再。

真是没有永远的朋友，也没有永远的敌人，只有永恒的利益啊！

对了，差点把"尊王"的王给忘记了，当时的孝明天皇虽然看似对幕府有点意见（主要是被反幕者怂恿的结果），急于寻求自己在政治上的存在感，但据说其内心并不怨恨幕府，甚至还比较偏袒与支持幕府，毕竟幕府治理国家不容易，自己能过着安稳富裕的小日子也全靠幕府支持。然而，他事实上还是打破了天皇几个世纪不掺和政治的尴尬局面。可怜的孝明天皇或许不曾想到，拥护自己的反幕分子也并不希望看到自己真正开始掌握权力。

结果，1867年初，也就是萨长结盟的后一年，孝明天皇驾崩，死因至今不明（据传是被萨、长的人弄死的）。

毋庸置疑，以崇高口号"尊王攘夷"为行动纲领的萨摩藩与长州藩的政客们，最终既没有"尊王"，也没有"攘夷"，但双双实现了自身利益的最大化……

剧终

憋屈的末代幕府大将军德川庆喜（1837—1913）实际

上是水户藩的人。但如前所说,水户藩乃"尊王"思想发源地,所以这位听起来名字很喜庆的将军其实挺纠结,况且倒幕分子打的正是"尊王"旗号。

关键时刻,龙马君又出现了,这次他的身份依旧是一名游说者,但不得不说作为说客,他是成功的。在以其为首的游说之士的努力下,庆喜将军决定将权力交还天皇,史称"大政奉还",统治日本264年之久的江户幕府时代就这样结束了。末代将军的决策是明智的,但也是出于无奈。事后,龙马君曾说:"庆喜真棒!为了我们岛国,他也是豁出去了。"真的是这样吗?

但即便如此,以萨长两藩为首的倒幕派仍旧不肯罢休,毕竟德川家虽然交出了政权,但他们依然是岛国最有实力的土豪阶层,无法让人放心。于是,倒幕派又挑起了一场战争,曾经的造反势力摇身一变,成了正义力量的化身,被征讨的对象长州藩现在倒成了主动方,大概这就是所谓"革命"的魔力所在吧。他们一路北上打到了北海道,幕府军几乎被赶尽杀绝,这一征讨史称"戊辰战争"。

最惨烈的战役发生在而今福岛会津这个地方,拥幕派的年轻武士们(如白虎队,成员年龄在16岁上下)几经煎熬，最终败北投降，在绝望中相继切腹自尽……因为他们面对的敌人不但携带了西式火炮，并且还祭出了最具杀伤力的武器——天皇——他们是以天皇的名义在战斗！

然而，倒幕维新仍被认为是一场相对平和的政治权力交接与利益集团互换，尤其是江户的无血开城更被世人所称道。考虑到当时幕府背后有法国人的支持，萨长藩背后则有英国人的援助，如果内战在包括超大城市江户在内的日本全面爆发，岛国极有可能沦为洋人的附庸。但显然，在幕末乱世，各个利益集团都蠢蠢欲动，有如此大局观的人是非常罕见的。没错，他就是龙马君曾经的暗杀对象兼日后的老师胜海舟。正是在其不懈努力下，江户城的交接才得以顺利完成。

对于即将到来的新时代，曾经的热血青年龙马君满怀期待，读书不多的他在1867年就自行为岛国设计了一套全新的治国方略（大概是跟着胜海舟的那几年收获不少），内容包括：政治权力交还天皇，政府决策由议事院根据全体成员的意见来实施，官员的遴选以能力优先为原则，破除身份等级制度，甚至制定宪法等的条目都涉及了。鉴于日后明治天皇颁布的国事方针——《五条御誓文》里对龙马君治国方略的大段引入，再一次证明了他不适合做一名刺客，政客倒是挺合适。不过，治国方略也非其个人的发明创造，只能说他在长崎研读的洋书没有白费。但毫无疑问，龙马君为开创岛国新纪元立下了不朽功绩，只是可惜，他无法亲眼见证这一切"开花结果"。

1867年冬，一个北风呼啸的寒夜，两名刺客来到龙马君的栖身之地"近江屋"，还没等家仆禀告，刺客就直奔上楼，对准坐在火盆前的龙马君猛砍下去，之后又是一刀，龙马君脑浆直流，血溅"近江屋"。据说此后龙马君曾经苏醒，但最终还是于当晚辞世，享年31岁。

1868年8月27日，年仅16岁的岛国第122代天皇正式宣布登基，定年号为"明治"（取自中国《易经》："圣人南面而听天下，向明而治。"），顾名思义"向明而治"。一个月前他已将"江户"更名为"东京"，并于同年10月迁居至此。随后，他又建起了一座现今名为"靖国"的神社，以缅怀为其捐躯的英魂。这座位于东京都千代田区九段北的神社，由于日后成为岛国一系列对外战争死亡军人的"招魂社"而为全世界人民所唾弃。

毋庸置疑，与现在初中生年纪相仿的小天皇，比他那位偏袒幕府的老父皇好打发得多。虽然所有的东西都打着小天皇的旗号，但幕后真正的操纵者显然还是来自萨长两藩，以及在倒幕过程中积极活跃的土佐藩（龙马君的老家）和肥前藩的政客，这四个藩政权被后人合称为"萨长土肥"。具体人物有，萨摩藩的西乡隆盛（1828—1877）、大久保利通（1830—1878），长州藩的木户孝允（1833—1877）、伊藤博文，肥前藩的大隈重信（1838—1922，日本第八任首相，早稻田大学创始人）等。其中西乡隆盛、大久保利通、木户孝允日后被称作"维新三杰"。应当说，他们的成就里有着搅局者佩里的一大份功劳，所以伊藤博文首相的题词行为也就不难理解了。

幕末无数志士用血和泪洒下的启蒙种子，最终以另一种专制的形式在岛国土地上生根发芽了……

记忆

1600年　英国东印度公司成立

1603年　征夷大将军德川家康横空出世(江户幕府成立)、歌舞伎出现(出云阿国)

1613年　日本当局禁止基督教传播

1615年　日本丰臣家灭亡

1616年　清太祖努尔哈赤建立后金、东林党争(明朝)

1629年　李自成起义

1635年　出国的日本人被禁止回国

1636年　日本日光东照宫建成、在清太宗皇太极手里后金改名为清

1641年　日本完成锁国

1644年　明亡、清军入关

1647年　中江藤树《鉴草(鑑草)》问世

1661年　康熙帝即位

1662年　伊藤仁斋《论语古义（論語古義）》问世

1663年　日本禁止殉死

1681年　平定三藩之乱（清）

1682年　井原西鹤《好色一代男（好色一代男）》问世

1683年　统一台湾（清）

1688年　英国光荣革命

1694年　松尾芭蕉《奥之细道（奥の細道）》问世

1713年　贝原益轩《养生训（養生訓）》问世

1715年　新井白石《西洋纪闻（西洋紀聞）》问世

1716年　德川吉宗开始享保改革

1720年　德川吉宗颁布"洋书解禁令"

1722年　雍正帝即位

1723年　清朝禁止基督教传播

1732年　日本发生享保饥荒

1735年　乾隆帝即位

1757年　清政府仅允许广州一地进行对外贸易

1765年　英国人哈格里夫斯发明珍妮纺织机

1775年　美利坚独立战争爆发

1776年　美利坚合众国正式诞生

1782年　日本发生天明饥荒、中国《四库全书》问世

1787年　松平定信开始宽政改革

1789年　法国大革命爆发

1793年　英国人乔治·马戛尔尼率使团给乾隆帝祝寿

1796年　中国爆发白莲教起义

1797年　昌平坂学问所建立

1798年　本多利明《经世秘策（経世秘策）》问世

1804年　拿破仑在法国加冕称帝

1806年　神圣罗马帝国解体

1815年　杉田玄白《兰学事始（蘭学事始）》问世

1825年　江户幕府发布异国船驱逐令

1832年　葛饰北斋浮世绘《富岳三十六景》问世

1833年　日本爆发天保大饥荒

1837年　大盐平八郎之乱

1838年　渡边华山《慎机论（慎機論）》问世

1839年　渡边华山被捕入狱、林则徐广东虎门销烟

1840年　中英鸦片战争爆发

1841年　日本施行天保改革

1842年　中国近代史上第一个不平等条约——《南京条约》签订、上海开港、魏源完成《海国图志》

1848年　《共产党宣言》问世

1851年　中国爆发太平天国运动

1852年　水户藩向朝廷和幕府献上《大日本史（大日本史）》

1853年　佩里和他的黑船出现在日本（黑船来航）、南京被太平军占领、曾国藩创建湘军

1854年　佩里再次来到日本、《日美亲善条约》签订

1856年　第二次鸦片战争爆发

1858年　《日美修好通商条约》签订、日本横滨开港、井伊直弼开始安政大狱、福泽谕吉创立庆应私塾、中法签订《天津条约》、中俄签订《瑷珲条约》

1859年　吉田松阴被处死，留下《留魂录（留魂録）》和《幽囚录（幽囚録）》

1860年　樱田门外之变（井伊直弼遭暗杀）、英法联军入侵北京（圆明园毁于一旦）、《北京条约》签署

1861年　日本公武合体（公家和武家）、美国内战爆发（南北战争）、慈禧太后开始垂帘听政

1862年　清朝开始洋务运动、横井小楠《国是三论（国是三論）》问世

1863年　日本新选组成立、萨英战争

1864年　德川幕府第一次征讨长州藩、四国联军"教育"长州藩、湘军等包围南京（太平天国运动失败）

1865年　美国南北战争结束

1866年　萨长结盟、幕府第二次征讨长州藩、福泽谕吉《西洋事情（西洋事情）》问世

1867年　坂本龙马遭暗杀、大政奉还、王政复古、夏目漱石出生

1868年　明治维新、明治天皇发表《五条御誓文》、明治政府颁布"神佛分离令"、戊辰战争爆发

第二章 明治、天皇、大佬

取经

1871年底,一艘名为"亚美利加"号的商船从横滨港驶出,前往美利坚合众国。船上载着岛国新政府的领导们,当然,他们中的绝大部分来自萨、长两藩。

领导们可不是因为闹革命成功,决定出国度假旅游。他们此行的目的非常明确,就是要为自己好不容易打下来的江山寻求治理方略。估计明治大佬们也深谙"攻城容易,守城难"的道理。

不过,岛国人民对于向他国学习可谓得心应手,数千年来养成的好习惯又派上了用场。只是，对象已由垂垂老矣的中华帝国转向年轻气盛的西方新贵们了，华盛顿、伦敦、柏林、巴黎、莫斯科取代了曾经的长安、洛阳等地。

明治政府的领袖们首先来到的是搅局者佩里的故乡，据说他们看到彼时美利坚使用的电梯时就已各个目瞪口呆。美国强大的实力除了让岛国领袖们感到吃惊外，他们也一定为自己当年没有决绝"攘夷"而感到庆幸。当他们踏上英国的土地时，内心一定同样澎湃。从伊丽莎白一世（1533—1603）开始，历经近代产业革命洗礼的大英帝国已经是那个时代西方最强盛国家的代表。虽然百年前在与其殖民地美利坚的战争中吃了败仗，不再自称"日不落帝国"。

对于英、美的情况，岛国的新领袖们自然赞叹不已，对了，他们也特意拜访了自己的老朋友——荷兰。但大佬们仿佛对这些国家的政治思想不太感冒，甚至让他们有些惴惴不安，理由大概是因为太民主！当然，这个民主和普通老百姓绝对是关系不大的，但多少和岛国的"尊王"思想格格不入，大佬们一时间顿感混乱，难以承受。

早在1215年，英国就已经出现了大宪章运动，贵族们与国王签订协议，限制王权，竟然还以法律的形式提出了臣民有权利反抗君主！王在法下！话说回来，主要也是由于当时的国王过于暴虐，远超大家的忍耐程度，何况势力庞大的贵族们也不是吃素的。就好比吾国隋唐时期，即使是皇帝也要充分顾及世袭贵族们的感受，不然自己的皇位都岌岌可危。

后来的英王查理一世（1600—1649）坚持"君权神授"（类似君主受神的指派来统治臣民这样的说法），结果不免过于悲惨，他直接成为西方近代历史上第一个被砍掉脑袋的国王（当然，还有宗教纠纷等多方面原因）。继而，1688年，英国通过"光荣革命"成为世界上首个君主立宪制国家，其实质就是对君王权力加以限制，再附带一些对人民"自由"之保障（其实与平民百姓的关系仍旧不太大）。从此，英王逐渐处于"统而不治"的状态。

此后，大英宪法的精神理念亦成为美利坚宪法的来源与依据（"母国"的影响是巨大的）。

这些政治思想成分着实让这批打着"尊王"旗号才最终顺利夺取政权的岛国大佬们感到凌乱，甚至有些惊悚。此后的事实也证明，他们没有采纳英美模式的治理方略，乃至逆其道而行之，日本天皇何止停留在"君权神授"，他直接被塑造为神的化身，是一位现世的人格神。看看"二战"期间昭和天皇（1901—1989）那如同打了鸡血般的状态就可以有所了解，不过那都是后话了。时至今日，天皇或许仍是不少岛国百姓心中那个无所不能的上帝。

此外，类似荷兰那种过于自由的社会气氛也让大佬们感到不适。处在生意王国荷兰的人民，对自由的诉求在他们看来有些过于奢侈，乖乖服从统治是他们最愿意看到的，毕竟大佬们自己比谁都清楚造反的威力。

不过，功夫不负有心人，经过来来回回，前后数十年的不懈努力，跑遍十多个西方国家的大佬们（不由让人想起曾经的遣隋使与遣唐使之精神）最终还是找到了适合岛国国情的治理模式——德意志模式。

彼时的德国还叫普鲁士王国，正值"铁血宰相"俾斯麦（1815—1898）掌权（一听绰号就能够感觉到是一位狠角色），他在1866年发动的普奥战争与1870年发动的普法战争中接连获胜，最终靠着铁血手腕统一德意志。这位"铁血宰相"极力维护专制（君主权力），残酷镇压工人运动，最后一举确立了德国在欧洲的霸权地位。

伊藤博文首相终于可以舒口气了……并且，这位岛国历史上首位内阁总理大臣还收获了一枚自己的政治偶像——俾斯麦。

但很显然，并非明治大佬们都同首相先生志同道合，比如早稻田大学的创始人大隈重信就更希望日本能够走上大英帝国式的宪政道路，结果终究是寡不敌众。最后，他甚至还差点为此丢掉了性命。

此后，在德意志模式和本土传统专制思想结合的基础上，岛国产生了自己现代意义上的第一部宪法。

初代天皇

岛国的历史有2000多年，就世界范围来说，也算挺悠久的了。但他直到公元712年（我们的唐朝）才学会以文字记录的形式来解释自身的存在，继而产生了著名的《古事记》一书（全部用汉字书写）。

关于该书内容的真实性自然不必抱太大希望，毕竟一般都将其视作神话类文学作品，类似于我们盘古开天、女娲造人、伏羲开智等等的史前叙事。

反正岛国这部文献里头交代了以下事情：神武天皇（生辰年月不详，但据说很能打仗和种地）是日本的初代天皇，他做天皇是神的旨意（即"君权神授"），并且他本身就是神的儿子。

如果要寻找关于岛国更早的历史记录，日本人一般只能依靠中国的典籍了（如《汉书》）。在此必须感谢大中华历史上那些伟大的史官，当然也包括早期的巫师。毕竟曾经的巫、觋（对男巫的称呼）作为我们历史上第一代知识分子，他们全靠自己的天赋和努力，创造积累了人类史上最原始的知识与技艺，甚至时常有生命危险。据说，在春秋时期，可怜的女巫还会因为对大自然气候的把握失误而丧生（如，可能因旱灾而被曝晒乃至烧死）。如果没有巫的奉献，人们或许就不会有要保持和传授来之不易知识经验的想法与诉求，史官也就未必能及时出现了。当然，岛国也是受益者，毕竟知道自己是从哪里来的对谁来说都挺重要。

有意思的是，日本至今仍有传说神武天皇就是当年我国秦朝的著名方士徐福（生辰年月不详）。不过以传说中神武天皇的寿命来看，好像确实有可能。毕竟根据司马迁（生辰年月依旧不详）《史记》的记载，徐福东渡过，他的目的是为秦始皇（前259—前210）寻找长生不老药，然后就再也没有回来。所以，无法排除徐福自己吃了药，获得延年，成了长寿的神武天皇，建立了岛国的可能性，况且他们大多生辰年月不详。如果这就是真相，那中日两国可真有些"同文同种"的意思了。

言归正传，据记载，神武天皇创立日本是在公元前660年1月1日，换算成现在的历法就是当年的2月11日。如今岛国每年的这一天依旧是国家法定节假日，但好像绝大多数人并不知道这是他们的建国纪念日，也不知道为什么这天要放假……

菊花王朝选择在1889年2月11日颁布自己首部现代意义上的宪法——《大日本帝国宪法》，可谓意味深长。这个行为一方面宣示了日本的与时俱进，另一方面则彰显了某种历史传统的延续。

这天，明治天皇早早穿上极为古老的日本服饰，进入皇居内的密室，向列祖列宗们报告这一岛国诞生以来的大事件。具体说话内容虽然无从知晓，但大致也能猜到，无非就是上面所说内容的具体化，如我们的宪法内涵具有"文明开化"的时代先进性，天皇家族血脉得到了很好的维系，古老的王权即将复兴了，等等。

百姓们除了张灯结彩，感谢皇恩浩荡外，好像就没啥别的事了。对于岛国百姓的这种状态，少数精英分子曾流露出一丝担忧，中江兆民（1847—1909）就感慨："送到我们手里的这部宪法究竟为何物？是良玉，还是土瓦，大家还未看到其实质，就沉醉于其名。国民之愚，竟至于此。"从日后岛国人民的行为方式来看，这样的担忧实在很有道理。不过这位睿智的日本自由民权运动领袖却有一个小毛病和一个特殊癖好，小毛病就是他特别爱喝酒，特殊癖好就是他一喝酒就容易扒光自己的衣服。据说中江兆民在政府任职期间，准备与一位漂亮的华族（对岛国贵族的称呼）姑娘结婚，婚前，他喝了酒……后果可想而知，这段姻缘就此告吹。

立宪

宪法颁布当日,明治政府的大佬们还举行了隆重的庆祝仪式,可谓殚精竭虑。他们特意聘请了来自德国的顾问,有些类似于当年江户政府聘请明朝遗老朱舜水(1600—1682)到东京讲学。对了,今天的景点小石川后乐园就是朱舜水参与设计的,这一景点的旁边则是聚集了大批中国留学生的中日友好会馆。此外,东京大学农学部里面还有一块刻着"朱舜水先生终焉之地"几个大字的石碑,这个地方应该就是其生前的住所。

岛国人民骨子里的这种放下身段,虚心学习的精神确实值得称道。从推古天皇(554—628,是位女士)开始的遣隋使到后来的遣唐使,不知有多少岛国年轻人的生命葬身大海,但他们依旧前赴后继,为的就是"学习"二字(当然,他们也顺便带回了一些名为芥末、茶叶、拉面的东西)。如若换做今天的留学生,面对极有可能死亡的留学之旅,恐怕是没有几个人愿意去的,哪怕是给予公费待遇。如今奈良与京都这两座古都的风貌依旧为我们呈现着早期岛国留学生们的丰功伟绩。

所以，对于学习西方，日本人民也丝毫不会有任何障碍，并且同样表现出了极大的热忱，态度也极为谦逊。他们积极采纳德国顾问的建议，为传统日本的宫廷礼仪注入了新时代的文明元素，乃至让整个庆典看上去完全像是一场在古老亚洲土地上举办的欧洲贵族派对，但岛国领袖们依旧乐此不疲。身着西式元帅服的天皇端坐在金光闪闪的普鲁士风格龙椅上，浓眉小眼的他一派威武之势。几乎不曾公开露面的皇后一条美子（1849—1914）也身着粉色晚礼服端坐在自己的夫君身旁，表情略显僵硬，但为了说明自己已经接受了文明之风的洗礼，她也只能故作优雅，虽然她自幼接受的是儒学教育。倒是一旁的伊藤博文首相，入戏较深，他俨然已经将自己当作日本的俾斯麦，举手投足间都有几分铁血宰相的样子。此外，在专业画家的精心努力之下，明治领袖们清一色都成了帅气的欧式长腿"欧巴"。

此时，岛国呈现出一派欣欣向荣的景象。但旧武士们的行为艺术仍在不断上演。就在颁布宪法的同一天，他们的教育部长森有礼（1847—1889）遇刺身亡，原因据说是他在参拜伊势神宫的过程中，曾用手杖挑起竹帘窥视里面本不应被看的圣物，亵渎了岛国的神灵。当然，这位积极宣传西方思想的教育部长或许早就成为保守派们的眼中钉，名列暗杀清单前茅。毕竟他对西方的爱是如此露骨，乃至提倡岛国人民与洋人通婚，以提高自身的实力，这或许就是我们今天所说的崇洋媚外吧。不过，森有礼会因自己对维新的贡献而被后人所铭记，但刺客同样会青史留名，他们以各自的方式爱着岛国，只是立场不同罢了……

次年，国会在宪法的授权下筹备选举。很显然，那是一小批实力人物（且仅限男性）的游戏，一般岛国民众是没有资格参与的，甚至他们中的大多数并不知此为何物，当然，他们也毫无兴趣知道。这样的状况倒是明治政府高官们愿意看到的，因为大佬们普遍认为民权是一个相当危险的东西，至少对统治阶级的利益存在威胁。

所以，《大日本帝国宪法》的主要起草人伊藤博文就曾表示，皇权才是这部法典的基石。换句话说，宪法位居天皇权力之下，日本这台新型国家机器在宪法精神的指导下运行，但一切的最终解释权归天皇所有。

至此，天皇被赋予了绝对的统治权，这样的权力建构甚至会让欧洲曾经的独裁者们望而却步。毕竟在西方，存有超越一切的神——上帝，而岛国的天皇本人就被塑造为上帝本尊。当然，这样的人物设定与以"尊王"起家，继而夺取岛国政权的野心家们的谋划息息相关，毕竟他们尝到过打着"天皇"旗号干事业的甜头。不论是出于对天皇的感激之情，还是出于对更大权力欲望的追求，事实是，以往只存在于大家观念中的"神"以实体的形式出现了。此外，新政权的大佬们多数曾是幕末的武士阶级，忠心、服从、军纪在他们看来也远比什么民主重要得多。

末代武士

明治政府的内部也并非一团和气，尤其是在部分同僚出国考察后，所谓的"海归派"难免与留守岛国的"本土派"产生隔阂。在对待朝鲜半岛的问题上双方矛盾开始凸显。由于当时朝鲜并没有，也不愿意对日本开放国门，本土派大佬就想用武力解决问题，而海归派则自负于受了西方文明的熏陶，动不动喊打喊杀的做派实在有失风度，也与明治时代精神有所不符，所以并不认同本土派的主张。

据说实际是担心洋人对他们有看法，日本人向来很在意别人对自己的看法。

于是，明治政府内部有了一次分裂，主张武力解决朝鲜问题的倒幕元勋、"维新三杰"之一的西乡隆盛离开了。这位浓眉大眼的壮汉一看就是块打仗的料儿，此外，据传他还有一对引以为傲的硕大睾丸。辞职后的西乡回到了家乡鹿儿岛（曾经的萨摩藩领地），一心致力于教育事业。

另一方面，留守萨摩藩的武士们过得并不开心。虽然在今天看来，明治政府的改革趋于保守，并且施行的一系列政策多数也是出于国家统合层面的硬性需要。

比如，1869年的"版籍奉还"，明治政府要求各藩主将自己的领土（版图）和户籍交出。随后的1871年，政府实行"废藩置县"，即废除藩地，设置县级行政单位（类似于我国现在的省）。那些自以为推翻幕府能过上更好日子而积极参加倒幕活动的藩主们还是太天真了，新的县令（相当于省长）一律由中央政府直接任命派遣，藩主们的时代就此结束了，岛国由地方分权逐步走向中央集权。这一转型是明治大佬们的权力欲望和当时那群发动全球殖民计划的洋人共同作用的结果。

接着,1872年日本进行学制改革,6岁以上的孩子,全部需要接受国家的义务教育。现在看来这或许是件值得称道的事,但当时的岛国人民并不富裕,读书会影响孩子种庄稼,所以同样有不少反对的声音。何况明治政府可是在下一盘大棋,想到自己的岛民如果连基本的算术都不会,还怎么和别人干架,基本的军事地图啥的总是要会看看的。换言之,一切以军事优先。如今,我们在岛国经常能看见小学生们穿着校服,活蹦乱跳,非常可爱,但总会感觉有些违和感。那是因为现在的校服就是那个时代的产物,小男生穿的是陆军军服,而小女生则是海军水手服。

随后的1873年,日本进行了"地租改正",即要求以现金的形式缴纳地税(以前的税金是大米,发给统治阶级武士们的薪水也是大米),地主们当然一万个不愿意,自己的土地凭什么还要给明治政府交税,闹来闹去,结果也是枉然。虽然最终政府降低了一些税率(从3%降到2.5%)。

同年,明治政府颁布"征兵令"。这时,大佬们肯定想:终于等到你!毕竟这才是他们得以稳定统治的基石。作为当时的岛国青年,不论你是否愿意,只要年满20岁就得去当兵!反对的声音可想而知,但最终岛国还是实现了全民皆兵，逐渐走向了万恶的军国体制。对了，北海道拓荒也在这个时期进行，那片寒冷土地上的原住民们开始受到迫害；琉球王国谢幕，取而代之的是冲绳县……

总之，各种五花八门的变革接踵而至。

然而，对于习惯了封建统治的绝大多数武士来说，这些东西的来袭更像是一场灾难。他们无比怀念旧时代那个作为特权阶级的自己。萨摩藩的武士们也不例外，毕竟能成为明治新政府领导的人寥寥无几。

1877年，曾经的萨摩藩武士们袭击了政府的武器库，"西南战争"爆发，他们集结在老乡兼领袖西乡隆盛周围，谁曾料到，曾经的倒幕主力成了新政府军的敌人，曾经的老乡与战友，现在兵刃相接。

据说，西乡也是被逼无奈，他本人或许并无意造反，但作为无数武士们的偶像，西乡别无选择。结果可想而知，维新乃大势所趋，曾经威震四方的萨摩藩武士们，最终败给了年轻的政府军，西乡隆盛死亡，武士们的时代过去了……（可参看那部曾经风靡一时的岛国动漫《浪客剑心》）。虽然曾经的萨摩藩威武不在，但大久保利通等从萨摩藩出来的政客却以明治政府为新的舞台，继续在东瀛的土地上发挥着巨大的影响力。

具有讽刺意味的是,日本此后正是用西乡所提倡的武力方式解决了朝鲜问题,迫使李氏王朝掌权的朝鲜打开国门。

不过,西乡虽然离开明治政府,并且发动了内战,但他对岛国的忠诚却从未遭到质疑,比起那些供职于明治政府的萨摩藩老乡们,今天的岛国人民依旧认为西乡更配得上英雄二字。

民权

当时与西乡隆盛一同离开明治政府的还有一位维新功臣,他的名字叫板垣退助(1837—1919)。事实上,早期主张武力征讨朝鲜的是他,而不是西乡隆盛。西乡开始倒是想先和朝鲜好好谈谈,不行了再用武力解决。但无奈,或许是西乡长得过于凶悍,而板垣则一副弱不禁风的样子,所以,这个武力征韩(当时的朝、韩还是一家子)的锅一直是西乡背着。看来长相也挺重要,有时甚至会影响大家对一个人的判断……

板垣来自土佐藩,这个藩虽然整体较穷,但风气却相对开明,不然也不会出现坂本龙马这样的人物了。板垣也有一颗向往自由的心,主张权利自由,反对藩阀政治(指萨长两藩在明治政府的专制)。想想也是,明治政府的主力军是伊藤博文、大久保利通等一众来自萨长的武士,身为倒幕功藩之一的土佐人当然心里不爽,想要改变现状,唯有提倡政治民主。此外,或许也是受了那位极具浪漫主义色彩的老乡龙马君影响。

1874年,辞职后的板垣回到家乡组织了"立志社",招募有志青年,翻译洋书,研究泰西法制,传播卢梭(1712—1778)、边沁(1748—1832)、穆勒(1806—1873)、斯宾塞(1820—1903)等早期民权活动家的思想,此后逐渐形成了势力庞大的"自由党",颇有为人民请愿的意思。但事实上,曾经作为上层武士的板垣从不认为岛国百姓应该直接参与政治。

即便如此,1882年他还是遇刺了(并未身亡),并在倒地的那一刹那,喊出了"板垣可以死,但自由永不灭"这句日后比他本人更为知名的口号。

此外，还有那位早稻田大学的创始人大隈重信也算得上是一位比较开明的领导（注意，他乃肥前藩人士），他组建了一个名为"立宪改进党"的党派。不幸的是，1889年10月，大隈也遇刺了，虽同样未身亡，但失去了一条右腿。日后岛国著名的"独腿首相"就是这么来的，不过那都是后话了。

通常，人们会认为岛国的百姓是比较乖的，因为他们顺从成性。但前提是，你别把人家逼急，逼急了他也能和你急。1882年、1884年相继爆发的"福岛事件""秩父事件"即是百姓们忍无可忍，无须再忍的例证。

大公必有大伪，何况自我保全是人的天性。自由党派的领导们面对百姓暴乱，立马就公开表态自己的"正义"立场，迅速与"刁民"们划清了界限。但党派势力从此一蹶不振，最终沦为了资本家的附庸。

而明治维新以后，渐成气候的岛国商界大佬们与政客们基本属于一唱一和的类型。虽然名义上三井、三菱这样的公司是独立企业，但实际上却与国家机器紧密相连。别忘记，明治维新的口号之一就是"富国强兵"，正所谓国富才能兵强。还是那句话，一切以军事为优先。政府大力扶植具有"战略意义"的公司。比如,明治初年的三菱只是贩卖铁质水桶的,后来通过合并也仅仅是建立了一个小规模的造船厂。而到了20世纪初,三菱已经一跃成为世界级的巨型财阀。

不过,自由党派人士折腾来折腾去也并非徒劳,至少明治日本的国会开设、宪法制定与人民启蒙都有他们的一份功劳。虽然他们的最初目的可能仅仅是想牵制萨长两藩那帮精明强干的大佬们……

洋味

不得不承认,日本人也有他们可爱的一面。比如,明治初期的不少高官就天真地认为只要将自己打扮成洋人的样子,就可以获得洋人的身份认同,从而废除之前签订的不平等条约。显然,这无异于痴人说梦。

种族、肤色是这一时期洋人海外殖民的理论依据。仅凭模仿洋人的样子就想要打破这套他们辛苦建立起来的逻辑关系,除了说岛国人天真,好像也没啥别的措辞了。要知道，这套东西如果不成立，那么洋人所干之事就是赤裸裸的野蛮侵略行径，这对于打着文明旗号的他们来说，不就是打自己的脸吗？

事实上，直到第一次世界大战结束，作为战胜国的日本（虽然几乎没有什么重大牺牲）提出自己不想受到肤色歧视的诉求时，英、法、美的大佬们甚至都懒得搭理，岛国代表也就只好失望地离开了。

日本这个国家，可怕的地方在于只要它认准了你是它的老师，不管好的坏的它都照单全收。并且，在虚心学习、模仿、钻研老师的东西之后，它就开始加以应用，这时候往往容易比老师用得还溜。此后的亚洲侵略，日本用的正是洋人的这套逻辑，由于亚洲人肤色都是一样的，所以在这一点上日本人没法做文章，但他们却以文明为由，说："我比你文明，所以我要改造你，你不愿意，我只能攻击你，目的是让你进步啊！"哎，日本人啊……

而上面"我比你文明"中的所谓"文明"，就是在明治维新后向洋人学来的。

在明治政府"文明开化"（即向西方学习）口号的引领下，岛国风气渐变。马路上出现了穿西装打领带的男人，几百年不吃肉的岛国人民为了"开民智"而开始吃肉,据说还是天皇带头,每顿饭必大块啃肉(估计很大程度上是被人高马大的洋人们刺激的,毕竟当时岛国人民的平均身高大概1.5米)。不知江户时代的人看到今天东京大街小巷里的烤肉店,会是什么感觉。岛国的历法也从中国的老黄历变为了公历,一周七天,周日休息也是从这时候开始的。1872年,岛国还开通了第一条铁路,往返于东京新桥和横滨之间。曾经代表着低俗淫乐的歌舞伎也向西方戏剧看齐,逐渐被改造成了岛国的舞台剧,观众看后也是云里雾里。

最有代表性的莫过于那著名的"鹿鸣馆"了,这是一座由英国建筑师设计的二层洋房,整体建筑呈意大利文艺复兴式风格,兼具英国风韵。总之,它就是一套"洋房",除了名字"鹿鸣"二字取自吾国的《诗经》。

1883年11月的一天,岛国外交部长井上馨(1836—1915)与妻子一同主持了鹿鸣馆的开馆仪式,上千位权贵人士参加,可谓集结了当时岛国众多有头有脸的人物(无非就是贵族、高官和一些超级土豪)。但入馆还是需要一些"文化"的,比如一进去就只能用英语交流,如果不会说,那就尴尬了。但想想今天岛国人民那蹩脚的英语口语水平，当时的场景也一定极为滑稽。

此外，日本男人在馆内身着燕尾服，抽着雪茄，女士们则身穿笨重的西式晚礼服，小口品尝着丰富的果酱、松露、巧克力，大家一颦一笑都在极力模仿着洋人，想想也真是挺不容易的。但这一切给参加过鹿鸣馆舞会的洋人留下了怪诞的印象。比如，在洋人看来，岛国绅士们穿着燕尾服活像一群耍猴的……

但千万别忘记，日本人小心思多得很，他们绝非吃饱了撑的，耗费巨资建个洋房自娱自乐。他们的目的是通过这个高档娱乐会所，让西方人瞧见日本已经有了洋味，迈入了"现代文明人"的行列，继而想修改一下之前签订的那些不平等条约。显然，这一招对精明的洋人并不奏效，他们虽然乐于参加这类活动，但完全没有要"平等"起来的意思。相反，在岛国内部还招来了部分国粹分子的骂声，说井上馨等人是在制造淫乱气氛。

结果可想而知，以鹿鸣馆为代表的过度西化风潮渐渐散去，鹿鸣馆也成了无用之地，几经转卖，最终于1941年被拆毁。曾经"文明开化"的殿堂至此销声匿迹。至于岛国人心心念念废除不平等条约的愿望，还得等上好多年呢。

福泽谕吉

当时的岛国也并非全是些附庸风雅之士，至少庆应义塾大学的创始人福泽谕吉就不应包括在内，这位堪称日本近代最伟大的教育家对西方的理解比一般岛国官僚深入得多，并且他对事物具有某种与生俱来的批判思想。

1835年，福泽君出生在一个低级武士之家，和吉田君、龙马君等造反头目（日后称呼：革命家）一样，他也是位生性叛逆的主儿。福泽君坚信，人生下来不是为了拖着链锁生活，而是应该展开自己的双翼自由翱翔。21岁那年，他终于摆脱了武士阶层那套门阀制度的枷锁，逃离老家，开始在长崎学习荷兰语，接触西方文化。但后来他发现自己碰见的洋人对荷兰话一窍不通，于是又改学了英语。不知哪儿弄来的门路，福泽君还有幸作为随员游历过一趟欧美，虽然他因为杂事繁多，最后只带回来一部英语字典。

1873年，即明治六年，福泽谕吉与一些启蒙人士共同创立了"明六社"这一学术团体，鼓吹自由言论，介绍传播西方思想（而非停留在表面噱头）。对了，"明六社"的首任社长就是那位因亵渎神灵而遇刺身亡的森有礼。

不过，正所谓，任何事物都有阴阳两面。当西化风潮大举来袭之际，且不论其精华与糟粕、外在与内涵，与之对立的国粹思想也开始全面蔓延，并且两者的抗衡愈演愈烈，暗杀活动四起（好像就没有停止过），再加上一众昔日萨长藩武士出身的掌权者对权力的渴望，结果可想而知。"明六社"逐渐减少了公开活动，知识分子的自由批判精神趋于消逝，毕竟对大部分活着的人来说，生命才是最可贵的。

还是那句老话，思想的杀伤力是巨大的，如果它再和某些现实的情境相结合，后果往往不堪设想。福泽君确实不怎么搞噱头，但他却把西方那套思想学了去，这还不是最可怕的。最可怕的是，他发扬了其中最为阴暗的那一面。当然，我们不能否定他也学了些洋人思想里的精华，但如上段所说，那种纯洁的自由火种几乎被扼杀在了萌芽状态，直到1945年岛国彻底玩儿完……

甲午海战

明治维新不到30年的工夫，岛国人民竟然鼓起勇气挑战大清王朝，结果竟然还取得了完胜。1894年注定是不平凡的一年，数千年来的东亚历史格局就此被打破。对于这场轰动世界的海战，学术史上有着各种各样的说法，但日本的获胜也绝非必然，按我的理解，那多半只能说是大清王朝的气数已尽，而日本的国运正蒸蒸日上。

但当时岛国的工业确实已经发展起来了，这一工业化的进程仅仅比德国略晚几年而已。然而，工业化对许多普通人来说，绝非幸事，反而是一种摧残，穷苦百姓成了资本家手里的机器。据说当时日本的女劳工们一天要工作近15小时，甚至夜晚都无法回家，在工厂里受着非人般的待遇。这或许也可以视作日本强大起来的另一个理由吧——通过所谓的"艰苦奋斗"。

战后，岛国一下子获得了两亿三千万两白银（一百多万两在当时就能买艘大军舰了），"富贵险中求"看来还是有一定道理的。但巨额的赔款并没有让岛国人民过起骄奢淫逸的生活，不得不说，他们将钱都用在了刀刃上，即海军的建设和国家的教育。对了，台湾也在这一时期割让给了他们。

这样的胜利必然会让岛国人民为之振奋，毕竟隔壁的老大哥曾经是那么不可一世，周边地区除了俯首称臣，别无选择。福泽谕吉就曾欣喜若狂，他在1875年出版的《文明论概略》里已学会运用西方那套"文明"殖民逻辑，将中国置于劣等国家的行列。这一胜利，在他看来，无疑佐证了其观点。这位倡导"脱亚"论的家伙，有力地发挥了西方殖民理论中最为黑暗的那套东西，并借此开启了民智，在思想上推动了岛国走上文明开化，富国强兵乃至海外雄飞（殖民侵略），所以他也被誉为近代日本最伟大的思想家和教育家，成了万元大钞上的人物（虽然已于2019年被换掉）。

日本人至此普遍认为自己已经迈入了高等文明的行列，近代史上有名的日本通小泉八云（1850—1904，爱尔兰裔）就曾说："新日本的诞生之日，始于中国的败北之时。"在当时描绘战争的日本画当中，岛国军人也是各个高大威猛，皮肤白皙，而清朝军人一个个都显得懦弱、猥琐，活像病夫。看来艺术家们对文明的嗅觉是相当敏锐的。

随着甲午海战的胜利，不平等条约也开始逐步被废，日本转而成为缔结不平等条约的主动方。可悲的是，在岛国人民心中，西方精神的宗旨已经演化成为富国强兵之后的殖民侵略，他们开始深信，用"鹿鸣馆"不能换来的东西，却可以用铁和血来实现……

军国

说起甲午战争日本的胜利，就不得不提一位关键人物——菊花王朝的陆军之父山县有朋。出身于长州藩下层武士阶级的山县君曾师从吉田松阴，也是一位狂热的民族主义人士。和众多维新功臣一样，幕府严格的身份阶级制度或许是他参加倒幕活动的最大理由。

不苟言笑的山县是日本军人官僚的典型代表，但他拥有一个雅致的绰号，叫"含雪"。不过，他一辈子干的事情好像和这个雅致的绰号没有什么关系，自幼学习剑术、柔道、枪法，擅长打打杀杀的他或许更适合叫"含血"。

作为维新后出岛取经的岛国人之一，山县感叹西方的强盛，回国后便积极致力于改革。当然，他只对军事改革感兴趣，其实也就是向西方学习，原本觉得法国的拿破仑（1769—1821）牛，他就向拿破仑看齐，后来他又觉得干掉了法国的普鲁士（德国）军队更牛，于是决定师从德意志。一时间，日本军界冒出了一大批"德粉"。当然，就像之前说的，德意志体系也更适合这群武士出身的大佬们。他们既不想冷落传统，又想拥抱现代，而德意志的军事纪律、民族精神和君主专制思想无疑能为他们提供理想的模板。尽管日本人对德国青睐有加，但据说德皇好像压根儿就瞧不起这批个头矮小的黄种人……

山县极力维护王权，对民权和政党都保持了高度的警惕。作为全民皆兵的始作俑者，他一举奠定了日本向军国发展的基础。1873年起，岛国凡是年满20岁的健全男性一律开始当兵，他们身穿西式军服，学习西方的军事操作，艰苦并快乐着。甚至部分原来的文盲通过当兵都开始识字和阅读（当然，内容估计仅限于宣扬狂热民族精神的文字）。不得不承认，对于绝大多数的明治青年，他们了解新世界的窗口不是那些启蒙知识分子，而是部队。至此，山县将自己认为对于民族存亡最重要的两件事（即军备和教育）都解决了，真可谓一举两得。

武士阶级虽然消逝了，但武士精神却随着当兵这项国家政策的实施，飞入寻常百姓家。原本的武士毕竟只占岛国总人口的7%左右，他们喊打喊杀也就算了，这下好了，全民都具备了成为"武士"（即军人）的资格，真的是太可怕了！天皇取代了原来武士们各自效忠的藩主，一举成为全民效忠的对象，可怕的武士精神"永垂不朽"了！

山县这还不过瘾，他此后又起草了近代日本史上极具破坏力的文件——《军人敕谕》（"敕"为皇帝命令之意，"谕"乃上级对下级的吩咐）。1882年这份由明治天皇颁布的文件，说白了就是要求当兵的诸位专心当兵，两耳不闻窗外事（尤其是政事），私底下闻问也不行，全心全意效忠天皇陛下。这样做的意图非常明显，即实现军政分离，巩固明治国家的新秩序，政治自由名存实亡，无非是个装饰。这就不难理解"二战"期间岛国年轻军官四处砍杀政府高官的行为了，因为在他们看来，自己的行为是在"尽忠"，只要是对天皇旨意提出异议的人，不论是谁，一律该死……

山县将自己身上那套旧的武士思想发挥到了极致。不得不说，始于明治时期的天皇崇拜，山县功不可没。甚至在以山县为首的一众大佬的努力下，岛国的民间信仰神道教（作为早期人类历史共通的自然崇拜，神道教起初也只是岛国人民对大自然花花草草等原生态万物的一种信仰）

都逐渐开始为国家机器服务，成为怪诞的国家神道，继而为军国铺路。

日俄战争

1890年10月30日，天皇又颁布了一份名为《教育敕语》的文件，声称岛国国体之精华在于国民对天皇的尽忠尽孝，这亦为岛国教育之渊源。短短数百字的文字当中，充斥着克忠克孝、皇权一系、维护国体等内容，向广大岛民灌输了皇室利益高于一切的思想，从国民教育层面，进一步巩固了天皇制国体。这一套通过伦理道德来处理社会关系的做法显然是吾国的优良传统，只不过到了岛国，已经变味了……

在《军人敕谕》和《教育敕语》的双重熏陶下，最终，岛国培养出了一群训练有素且不具备任何思考能力的怪物。这不禁让人联想起"二战"时期那既惨烈又怪诞的"人肉鱼雷"和"神风特攻队"。

对了，山县有朋已经在《教育敕语》颁布的前一年坐上了日本首相的位置，"伸张国势"在他看来是此时日本一切计划的重中之重，也就是说，岛国要抓紧时间和一切机遇搞侵略了。

继1894年成功打败号称亚洲第一的北洋水师之后，1904年日本又向俄罗斯帝国开火，并一举获得了胜利，史称"日俄战争"。这在当时，简直是无法想象的事件。

首先，日本与俄国的国力本身就完全不在一个级别上。此外，也不会有人相信黄种人竟然能够战胜一个欧洲主流强国，甚至连当年的拿破仑都没有打赢俄国。然而，岛国人民硬是打败了不可一世的俄罗斯帝国，他们从海上打到陆地，从旅顺港一路打到沈阳。

在对马海战中，东乡平八郎（1848—1934）率日本联合舰队几乎全歼了俄国舰队。俄国人被打了个措手不及，他们连做梦也不会想到日本竟然胆敢向自己率先发难。毕竟在世界史上，除了600多年前成吉思汗（1162—1227）西征以外，这种"壮举"便再无他例。所以，对于日俄战争日本的胜利，纵然你可以举出许许多多个客观理由，比如1902年日本与大英帝国的结盟（因为他们有一个共同的敌人沙皇俄国），《英日同盟》内容规定，如果日本与他国发生战事，英国保持中立，假设与另外两个以上的国家发生战争，那么英国则会为日本而战，反之亦然。这份秘密同盟协议无疑增加了岛国人民挑战俄国的勇气，也难怪日俄战争以后，大英帝国对日本赞赏有加，并称其为"勇敢的小日本"。但这一时期岛国的运气始终是一个不可忽视的因素。

在这场堪称有史以来最为血腥的战争当中，双方伤亡人数合计达到数十万人之多。据说，两国士兵在战壕里的厮杀，有时仅仅为了在泥泞的土地上推进一米，数以千计的士兵就会成为炮灰，直接倒在枪林弹雨之下或是被地雷炸死，场景一片血肉模糊，这简直就是第一次世界大战的预演。指挥旅顺战场的乃木希典（1849—1912）大将被誉为明治爱国精神丰碑，其长子也在战斗中丧命。然而，乃木却认为这是他们家族的荣耀。岛国海军司令东乡平八郎一战封神，荣获"军神"称号，现位于东京原宿明治神宫旁的东乡神社即为纪念他而建。此外，据说如今日本社会颇为流行的一道菜肴"土豆炖牛肉"也是他的发明。

这一切的牺牲，为日本最终换来了一份名为《朴次茅斯条约》的文件。事实上，这时候的岛国领导还算机智，见好就收，赶紧想方设法与沙皇签订条约。即便如此，人家沙皇还是不承认战败，摆出一副你要打我，我继续奉陪的态势，这可把岛国人民急坏了，于是可怜的日本人只好放弃战争赔款。毕竟，就算不放弃，人家也不会给。

这时候想想我们大清还真是挺好说话的。说给地皮就给地皮，辽东半岛、澎湖列岛、台湾，都给你；要钱就给钱，而且是两亿三千万两白银！还是实体货币！并不是那些会过时的纸钞。这在当时相当于3亿日元了，要知道，那个时候能交出15元税金的岛国人都寥寥无几！而在俄国那里，日本付出了如此惨重的代价（日俄战争几乎打到日本整个国家破产），收获却是九牛一毛。

令人感到悲哀的是，日俄战争在中国的领土开打，日本的主要战利品也是在中国的相关权益。不过就这么看起来，岛国人民为了吾国这块肥土也真是豁出去了。但当时的清朝领导却比日本人淡定得多，据说自打有了割地赔款这些国际项目以后，在以天朝自居的大清那里，有人甚至认为割让点土地给这些蛮夷（西方殖民者外加日本）没什么大不了，那是看得起他们，美其名曰"赏赐"。虽然现在看来这样的想法颇为滑稽，但鉴于他们当时的认知观念，我们也无法严厉斥责他们什么，只能说，夜郎自大不可取，美梦，该醒醒了……

此外，这场战役的胜利远没有让日本百姓的情绪如甲午海战胜利时那般高昂。或许确实是死了太多的人，又或许是埋怨政府没有从俄国那里捞到一丝赔款，日本民众聚集在东京日比谷，开始寻衅滋事，矛头直指当局政府，史称"日比谷烧打事件"。反对战争的人也越来越多，其中就包括那些日后耳熟能详的文化名人：内村鉴三（1861—1930，基督徒）、幸德秋水（1871—1911，社会主义活动家）、与谢野晶子（1878—1942，诗人）……

尾声

甲午海战以后，明治天皇的身体状况便每况愈下，原本就患有糖尿病的他在1912年又并发了尿毒症。虽然彼时东京帝国大学（即现在的"东京大学"）的两位医学博士精心照顾着这位对岛国人民来说已难以分辨是人是神的君王，但在1912年7月30日的凌晨，这位岛国的最高权力者还是驾鹤西去了，享年60岁。

随后，那位著名的乃木希典大将也剖腹自杀了，其原因当然是为了追随自己的主公，看来丧子对他来说比天皇驾崩要好承受一些，至少那对乃木来说是一种荣耀。对了，他的第二个儿子乃木保典（1881—1904）也魂断日俄战场。

事实上，在日俄战争中，乃木希典大将的表现甚至有些糟糕，在旅顺，6万多岛国人民相继丧命，但他仍未能攻下旅顺。乃木到后来几乎已经丧失了作为高级指挥官应有的冷静和理智。无数同胞的死去，以及两位爱子的先后阵亡，使得乃木希典的精神几近崩溃，他已经不想活了。其间，乃木调动两个大队到司令部集结待命，他决心当敢死队长，带头冲锋，其实就是要赴死。要不是那位号称"明治第一智将"的儿玉源太郎（1852—1906）及时赶到，乃木希典真能做出最高将领带头冲锋的举动来，那么，日俄战争就是另一番模样，此后岛国的历史或许也将改写。据说，当时的乃木都已经备好了棺材，当然，还有他那两个心爱儿子的。1980年，以日俄战争为主题拍摄的日本电影《二百三高地》中，乃木对源太郎说："我乃木不是草木石头。"此时乃木的这句话应该是发自肺腑的。

当时，国内伊藤博文、山县有朋等明治大佬们都对旅顺战事的胶着十分担忧，乃木的"肉弹"战术，显然让岛国无力承受。有大佬向天皇谏言撤换乃木希典，但天皇没有撤换乃木，除了担心临阵换将影响军心，想必天皇也深知乃木的为人，如果换掉他，这位大忠臣做出一些非常人所能想象的举动也是挺可怕的。

最终，一场日俄战争不知摧毁了多少家庭。1906年初，乃木抛下数万名同胞的尸骨回到日本，夹道欢迎的民众哭成一片，估计其中喜极而泣的人应该不多。

乃木显然不是一位贪生怕死之人，他愿意为旅顺战役日本付出的惨重代价负责——以死谢罪。这时候，明治天皇的高情商开始发挥作用了，他非但不问乃木的罪，反而赐他功一级，晋升伯爵。甚至还委任其做了现东京学习院大学的校长，要知道那可是一所专门以培养皇室贵族子弟著称的学校。

所以，明治天皇驾崩后，失去唯一精神支柱的乃木剖腹之行为艺术就不难理解了，并且他还带上了自己的夫人，真可谓"夫唱妇随"了！可见，有时候，精神寄托对人来说是何等重要！

两个儿子相继战死,数万同胞因他而死(至少他是这样认为的),毫无疑问,只要是人,其内心就一定承受着极其巨大的煎熬。一生戎马的乃木,虽然军事才能不咋地,旅顺战役如此大规模的死亡人数估计就与他的水平直接相关。据说乃木还曾犯下过低级错误,比如在西南内战中弄丢了政府军的大旗……也难怪日后岛国著名作家司马辽太郎(1923—1996)称其为"愚将"。但人家对天皇的忠心苍天可鉴啊!这就足够了!不过明治天皇也将自己的亲孙子裕仁(1901—1989)交给了他教育,可见天皇对乃木也是极为信任的。对了,裕仁就是日后"大名鼎鼎"的昭和天皇,侵华战争的始作俑者,可谓"名师出高徒"了。

乃木剖腹这一行为艺术虽然在岛国并不稀奇,甚至是一种"优良传统",但这对于稳固明治政府以"忠君"为纲的新国策来说,无疑是一个极好的素材,何况他还带上了夫人。所以岛国之后为他搞了国葬、造了神社、塑了雕像,东京出现了如今的乃木神社和乃木坂(日文中的"坂"即坡道、道路之意)。最终乃木希典逐渐走上神坛,成了大日本帝国的"军神"。

此后,乃木也经常出现在日本的文学作品当中。明治时代最出色作家夏目漱石（1867—1916）的作品《心》中就有乃木的影子。只不过，漱石这位真正"文明开化"了的大文豪自始至终都对明治社会持批评态度，并警示岛国如此下去终将走上一条不归路。

明治时期最后几年发生的两件大事也深深烙上了属于那个时代的印记。1910年"大逆事件"爆发，政府杀害了包括幸德秋水在内的一批岛国早期社会主义人士和无政府主义人士，原因是他们对天皇"不忠"。同年，日韩合并，岛国从搅局者佩里那里学来的一套东西终于在邻国的土地上"开花结果"了。对了，曾经的首相伊藤博文成了韩国的实际掌门人。然而，他甚至还来不及看到《日韩合并条约》的缔结，就于1909年被韩国的一位热血青年暗杀了，客死哈尔滨，终年68岁。具有讽刺意味的是，伊藤或许是唯一一个反对日韩合并的明治大佬。

1910年，韩国亡……

至此，明治维新早期的个人主义理想几乎已经消失殆尽，在沙文主义和武士道精神的浸染下，岛国青年"茁壮成长"，这或许就是明治留给其后人的"最大财富"。

记忆

1869年　版籍奉还、东京招魂社（靖国神社前身）创建、迁都东京

1870年　普法战争爆发、意大利统一

1871年　废藩置县、岩仓使节团出访欧美、《中日修好条约》签订、德意志帝国成立、俄军入侵新疆伊犁

1872年　日本新学制确立、东京与横滨间的铁路通车、日本使用太阳历、福泽谕吉《劝学（学問のすすめ）》问世

1873年　征韩论（西乡隆盛下台）、日本颁布征兵令、明六社创立

1874年　板垣退助发起自由民权运动、日本出兵台湾、西周《百一新论（百一新論）》问世

1875年　光绪帝即位

1876年　《日朝修好条约》签署、日本颁布废刀令

1877年　日本西南战争爆发（西乡隆盛败北）、东京

大学创校、英属印度帝国诞生

1878年　大久保利通遭暗杀

1881年　日本颁布国会开设敕谕、日本自由民权运动勃发、中江兆民《民约译解（民約訳解）》问世

1882年　大隈重信创办早稻田大学、德奥意结盟（德国、奥匈帝国、意大利）

1883年　位于东京的鹿鸣馆开业、中法战争爆发

1885年　伊藤博文出任日本首任内阁总理大臣、李鸿章与伊藤博文在天津签订《中日天津条约》、清政府放弃对越南的宗主权（越南正式沦为法国殖民地）、福泽谕吉《脱亚论（脱亜論）》问世、坪内逍遥《小说神髓（小説神髄）》问世

1887年　西村茂树《日本道德论》问世、中江兆民《三醉人经纶问答（三醉人経綸問答）》问世、二叶亭四迷《浮云（浮雲）》问世

1889年　《大日本帝国宪法》颁布、张之洞就任湖广总督

1890年　日本召开第一次帝国议会、《教育敕语》颁布、森鸥外《舞姬（舞姬）》问世、黄遵宪《日本国志》

问世

1891年　法俄结盟（对抗德、奥、意三国同盟）、郑观应《盛世危言》问世

1893年　北村透谷《内部生命论（内部生命論）》问世、胜海舟《开国起原（開国起原）》问世

1894年　中日甲午海战爆发、孙中山创建兴中会

1895年　中日签订《马关条约》（台湾被割让）、三国（俄、法、德）干涉还辽、康有为等人士发起公车上书、胜海舟《幕府始末（幕府始末）》问世

1897年　"朝鲜王国"更名为"大韩帝国"、德国占领中国胶州湾、俄罗斯占领大连和旅顺、康有为《孔子改制考》问世

1898年　日本最初的政党内阁成立、中国戊戌变法运动（历时103天，失败后康有为、梁启超亡命海外）、京师大学堂创立、梁启超在横滨创办《清议报》、严复《天演论》问世

1899年　中国爆发义和团运动、新渡户稻造《武士道（武士道）》问世、福泽谕吉《福翁自传（福翁自伝）》问世

1900年　八国联军侵占北京和天津

1902年　日英结盟、梁启超在横滨创办《新民丛报》

1903年　幸德秋水《社会主义神髓(社会主義神髄)》问世、邹容《革命军》问世

1904年　日俄战争爆发、日本国定教科书刊行

1905年　日俄签订《朴次茅斯条约》、日本获满铁权益、日比谷烧打事件、中国废除科举考试、中国革命同盟会成立、《民报》创刊

1906年　满铁公司成立、北一辉《国体论与纯正社会主义(国体論及び純正社会主義)》问世、夏目漱石《我是猫(吾輩は猫である)》问世、岛崎藤村《破戒(破戒)》问世

1908年　夏目漱石创作《三四郎(三四郎)》、慈禧太后去世

1909年　伊藤博文遭暗杀

1910年　日韩合并、幸德秋水大逆事件、柳田国男《远野物语(遠野物語)》问世

1911年　日本收回关税自主权、中国爆发辛亥革命、西田几多郎《善的研究(善の研究)》问世

1912年　明治天皇去世、乃木希典将军剖腹殉死、日本宪法论争(美浓部达吉、上杉慎吉)、中华民国成立、清朝灭亡(宣统帝溥仪退位)、中国国民党成立

第三章 大正、政客、民众

"望远镜"天皇

1912年,明治天皇的第三个儿子嘉仁即位,改年号为"大正"。这一年号亦出自吾国《易经》里的临卦"大亨以正,天之道也"。此外,并不是因为这位留着德皇威廉二世(1859—1941)式牛角胡子的嘉仁自身能力出众,所以王位最终归他,嘉仁即位完全是因为他的亲哥哥们年纪轻轻就已经都去世了。

可见天皇家族的遗传基因好像也没有多好,甚至不如多数岛国的普通老百姓。前些年,日本平成天皇(1933—)

生病要动手术，宫内厅（处理皇室事务的一个神秘机构）为了保持所谓的皇室血脉纯净，一律不准用民间采集的血，而是在手术前先从天皇自己的身体里抽取了一部分血液，然后手术时用天皇自己的血给自己输血……想想也是挺逗，但这件事情对人家岛国来说可是非常严肃的。

这位大正天皇的身体确实也不咋好。自幼多病的他曾患过脑膜炎，据说是留下了后遗症，精神有些不太正常。最著名的莫过于那让人啼笑皆非的"望远镜事件"。有一次，这位可怜的天皇被邀请去了国会，或许是觉得那些政客们太过无趣，又或许是童心未泯（据说还爱拿马鞭抽打仆人），嘉仁随手抄起一份诏书，卷了卷，将其当成了自家的望远镜（不管大正兄的真实目的是什么，至少在别人看来就是这样）。这让在场的政界大佬们颇为尴尬。自此，嘉仁再鲜有机会在公开场合露面了。

与他那富有威严的父亲明治天皇不同，据说嘉仁见到岛国普通百姓也会去搭个话啥的。这在主张军事强权，排斥民权的主流政客与官僚眼中显然不是一位天皇应有的样子，也难怪他的儿子裕仁在老子还在的时候就开始摄政了。

但所谓的精神不正常也是传说，或许事件有另一种可能，即这是一群精神不正常之人（政府大佬）在面对一位精神正常人士（嘉仁）时所下的判断。试想，当全世界的人都成了疯子，而唯独您的精神正常，那么您还可能被视为正常人吗？所以我们也有理由相信嘉仁那毫无威严的作风得罪了那群一心想将天皇送上神坛的政客与官僚们，因此"望远镜事件"才得以广为流传。况且在当时，以政客、官僚们的实力，要让这么点小事销声匿迹简直是易如反掌。不过"好事不出门，坏事传千里"倒也有可能。但不管怎么说，嘉仁的身体不好是事实，在位不到15年他就驾鹤西去了。相比于他那在位45年的父亲和63年的儿子，也是真够短的了。

不过，随着明治维新时期那批元老们的老去（还有一批被暗杀身亡的，如伊藤博文），某些党派政治家开始登上历史舞台，旧官僚式的专制统治气息有了一些弥散的迹象。

比如，在大正元年，作为日本首个政党组织"立宪政党会"的发起人之一，尾崎行雄（1858—1954）对当时的政府内阁无视议会、一意孤行的态度感到不满，随即他发起了一次护卫宪法运动，结果当时长州藩出身的桂太郎

（1848—1913）首相在组阁后仅53天就被迫辞职了。尾崎也因此荣获"宪政之神"的称号。不过由于他酷爱和平，坚决反对军国主义，此后便渐被孤立，不禁让人唏嘘。同年，东京帝国大学法学教授美浓部达吉（1873—1948）甚至提出了"天皇机关说"，将原本与"神"紧密相连的天皇与法律挂上了钩。换句话说，天皇的至高权力将由法律来保障，而非"神授"，并且主张岛国主权应该属于全体国民，而非天皇。这样的说法显然有亵渎天皇的意思，"神圣"的军国也自然容不下法律的插手，但耐人寻味的是，他并没有遭到逮捕。然而，20年后，这位法学家还是因为"不敬罪"被东京帝国大学解聘，甚至危及自己的人身安全。当然，除了政治，还有部分原因出自学阀间的斗争，不过那都是昭和年代的事情了。

此外，或许和那位"望远镜"天皇的脾性也不无关系，大正年间的日本社会弥漫着一股自由不羁的活泼风气。那个年代也是许多岛国人心目中的黄金时代（至少暂时不用打仗了吧）。

现如今号称亚洲最大酒吧街（里面气氛自然没有多数

中国酒吧那般狂野）的东京银座①一直以来都是岛国"文明开化"的重镇。大正年间，那里出现了不少留着长发，穿着花衬衫、喇叭裤的时髦小伙子。他们与自己梳着整齐蘑菇头的可爱女友一同出现在银座大道上，给人以一种青春洋溢的感觉。据说当时日本政府为了改善岛国人民体质，已经开始推广牛奶，年轻人聚集在各式各样的饮食店，喝着牛奶，浏览着杂志与报纸，谈论着德国哲学，又或者是俄国小说，呈现出一副休闲之态。这里还遍布着德国式的啤酒屋和法式的街边咖啡店，据说里面的日本女招待也都比较妖娆，并且开放。

沿街而上的日比谷公园附近，一个层数不高，内部有许多庭院的帝国饭店大楼正拔地而起，这座由美国著名建筑设计师佛兰克·劳埃德·赖特（1867—1959）设计的豪华饭店融合了当时东西方的诸多建筑风格，并且加入了一些新的抗震设施，这也使得其在1923年那场惨烈的大地震中经受住了考验，在茫茫火海中成了东京的一座安全岛。

如果说银座是小资乃至贵妇生活的街区，那么浅草就

---

① "银座"地名由来：江户时代的银币铸造所。

是当时普通大众娱乐活动的中心地带。中华料理店、西餐馆、和式传统饭店、影院、剧院应有尽有。对了，此时，江户时代的维新志士龙马君已被搬上银幕，成了人们街头巷尾谈论的英雄人物。

虚无

或许是因为日俄战争的阴影还未消散，所谓"对酒当歌，人生几何。譬如朝露，去日苦多"，又或许是脱离了明治时期那种精神高度紧张的环境，也可能是受了那位滑稽天皇的影响。总之，这一时期整个东京给人以一种及时行乐式的浮华。

那位曾7次获诺贝尔奖提名却从未获奖的怪诞文学大师谷崎润一郎（1886—1965）便在这一时期登上文坛，开始以自己那颓废的、虚无享乐式的人生观为基调创造作品。

据说这位东京帝国大学国文学部毕业的谷崎20多岁就立志要找一位妓女类型的女人做妻子。他也确实迷上了一名艺伎，但无奈这是一名已经被人包养了的艺伎。不过，这位姑娘倒是挺有心，她将自己的妹妹介绍给了谷崎，这位艺伎的妹妹就是谷崎的第一任妻子千代夫人。或许是上天跟这位文学大师开了个玩笑，这位艺伎的妹妹是位贤妻良母型的女人，这令润一郎非常失望！于是，他又看上了结发妻子那才15岁的妹妹，并觉得她是一位"可塑之才"，随后便经常将千代女士打发回老家照顾父亲，而自己却与艺伎的小妹妹，也就是三妹同居了起来。对这位"可塑之才"少女的调教经历，使他写出了《痴人之爱》这部其前期的代表性作品，不得不说，大文豪们都是有故事的人啊……

几乎是在同一时期，岛国出现了一种无创作技巧、无思想，并以露骨描写著称的所谓"私小说"。顾名思义，这是一种记录个人身边琐事和点滴心绪的私人小说，虽然有时候也略带些忏悔的意思。不过，变态、露骨的情欲描述似乎是其主要特征。

正如田山花袋（1872—1939）的《棉被》[①]当中那位先生抱着自己女弟子睡过的棉被独自落泪的场景，岛崎藤村

---

① 虽为1907年明治末期作品，但一般认为这部作品是"私小说"的滥觞。

（1872—1943）的《新生》中记录的主人公与自己侄女乱伦之类的故事，这些小说里的主人公所干之事，实际上就是作者自己干过的事……

想到憨憨的田山大叔抱着自己教过的女学生睡过的棉被潸然泪下之场景倒也别有一番韵味，外形俊朗的岛崎倒也挺符合所谓乱伦男的人设。不过相比于"唯美派"大师谷崎那种动不动就性虐一下，或者没事就恨不得舔舔美女脚指头之类的行为艺术，以及岛崎的乱伦实录，田山大叔似乎确实属于比较憨的了。此外，不知当今岛国那些专偷女性穿过的内衣的盗贼们是不是受了大叔的影响。

不过，文学必然是无罪的，毕竟这是人类最后的精神家园。至于某些作品嘛，口味重一点才更能吸引普罗大众的眼球，毕竟真正能欣赏高雅文学作品的人并不多。更何况，即便是高雅之人，他们也绝对不会排斥低俗，正所谓"大俗即大雅"嘛。

大正时代那种虚无、享乐的精神终究在"私小说"一类的文学作品里以黑暗情欲的形式得以成功表达。

走运

西方的思想文化对这一时期的日本影响依旧巨大，各种西方世界的"主义"似乎都在岛国流行过。谷崎就曾受到西方唯美主义思潮的深刻影响。唯美主义的艺术家们认为，艺术的使命在于为人类提供观感上的愉悦，而非传递某种道德情感上的信息。这些人追求的是单纯的美感，甚至主张生活应该模仿艺术。这或许能为我们理解谷崎的行为艺术提供一丝线索。当然，还有稍早些时候的颓废主义，那是欧洲资产阶级知识分子对社会表示不满而又无力反抗的苦闷彷徨情绪在文艺领域中的反映。这么看来，社会政治环境不但可以扼杀艺术，同样也能创造艺术。对了，颓废主义的艺术家们就是善于从病态的，或者是变态的人类情感中寻求相关创作灵感的一批人。

此外，岛国学府里的精英们同样对西方新思潮给予极大关注，他们虽然打扮得酷似江户时期的浪人，但嘴边挂的可都是些诸如笛卡尔（1596—1650）、康德（1724—1804）、叔本华（1788—1860）等等欧洲大哲们的东西。甚至连帝国大学的校园里都出现了女性学生，这在大正之前的年代里是令人无法想象的事情。也难怪岛国的军官们都为社会风气的渐变而感到惴惴不安,毕竟对他们来说,能够乖乖执行命令才是最重要的。

但此时很有必要说说全球的大环境。事实上,当谷崎忙着寻花问柳之时,世界的局势却相当动荡,尤其是1914年,第一次世界大战爆发了。对于这场人类历史上最惨烈、最无意义的战争,整个欧洲却打到了虚脱和崩溃的边缘,即使是获胜的英、法、俄,最终也都几乎到了弹尽粮绝、精疲力竭的境地。卖卖军火,到仗快打完才参战的美国也因此得以站上了世界的顶峰,真可谓"一战封神",伍德罗·威尔逊(1856—1924)也成了世界的领袖。

当然,除了美利坚,"一战"对于东瀛岛国来说,也着实是桩幸事,趁着地球的另一边战火纷飞,日本大搞工业建设,住友、三菱、安田等巨型财阀在这一时期崭露头角。并且,靠着给欧洲战场提供物资,岛国经济形势一片大好。

人都是贪婪的,尤其是进入资本主义时代之后。岛国人民也一样,他们见好不收,继续搞扩大再生产,结果可想而知。你发的是人家的国难财、战争财,人家仗也不可能一直打下去,所以这也为岛国日后的经济萧条埋下了伏笔。

不过,此时的岛国还是幸福的,因为在关键时刻他们还无意间选对了方向,参加了协约国。这就不得不感谢那份1902年签订的《英日同盟》条约了,日本估计也没想到会是英国先出事,并且还和两个以上的国家发生了战事,本来还想着英国老大哥帮自己撑腰呢!那没办法咯,我也只能宣布参战,帮你这位资本主义老大哥一把!而实际上,"一战"主战场在欧洲,日本充其量也就是个"打打酱油"的主儿,但又不能表现得太水,于是他就出兵中国,攻击英国的敌人德国的在华殖民地。这一招可真够狠的,还是那句话,日本人的小心思可多得很。

日本攻击德国在中国的殖民地,对英国几乎可以说是起不到任何帮助作用,不过英国估计也没对东瀛小兄弟有啥实质性的期望。日本就这么"勉强"参战了。趁着欧洲列强在那边打得你死我活,他一个劲地在那儿扩大自己的在华权益。著名的"二十一条"就是这时期的产物,内容可想而知,当然就包括日本来接管德国的在华殖民地等等之类。要是在平时,这种做法估计连作为小伙伴的英国都会看不下去,不过那时候大英帝国也没时间管这些了,毕竟欧洲那头的事儿关系到自己的生死存亡。

最终,岛国在没付出什么代价的情况下,就成了巴黎和会的五强国之一,得以比肩英、法、美,地位甚至还高过法国。同时,日本还成为当时国际联盟里亚洲地区唯一的常任理事国,《武士道》这本畅销书的作者新渡户稻造(1862—1933)曾经就是这个联盟的二把手。

估计连日本自己都不会想到这种神奇的命运安排,不得不说,好运来了真是挡也挡不住,简直了。德国原来在中国的殖民地(如青岛)都归了日本,甚至德国整个赤道以北的所有地盘(如神秘的加罗林群岛)也都成为岛国的领地,日本人确实赚翻了。而打了败仗的德国人则接受了一系列具有屈辱性的战败条款,这或许也是20年后日耳曼人卷土重来,再次与世界为敌的主要缘由之一吧。

暴民

但很显然,岛国的内部也绝非一团和气繁荣之景。搞搞艺术创作的文人、酷爱高谈阔论的精英们也代表不了普罗大众。几乎让日本打到破产的日俄战争，伴随而来的是急剧的通货膨胀和经济萧条，失业率节节攀升，下层百姓贫困交加。再加上，1917年俄国十月革命爆发，日本又准备派兵趁机前去掺和。岛国商人得知这一消息，就开始囤米，打算发一笔战争财。于是，米价居高不下，甚至都到了买不到米的地步，到头来受苦的还是老百姓。

1918年夏天，富山县一个渔村的妇女们开始成群结队的袭击米店抢米。一经媒体报道，日本竟然出现了全国性的妇女抢米运动（不禁让人联想起当今岛国每逢超市商场搞活动时那群可怕的太太团）。一起遭殃的还有警察局和土豪的家，不知是妇女们有意还是无意为之，某些高档妓院也成了"米骚动"的牺牲品。

接着，1919年3月，朝鲜人民爆发起义，数十万群众走上汉城街头游行示威，反抗日本的殖民统治。岛国当局为了镇压暴乱，竟然杀害了数以千计的朝鲜人，其中还包括许许多多的学生……

事后，连日本自己都不得不承认这起屠杀事件的严重性。对了，此时朝鲜之事也应算是日本内部的事情了，毕竟"合并"了嘛。据说朝鲜的部分知识分子对日韩合并是持欢迎态度的，可悲啊！曾几何时，岛国正是通过朝鲜这个中转站来摄取吾国先进文化的，如是说，那朝鲜也应该算得上是日本的半个老师了吧……

但不论如何，大正年间的岛国人民好似对政治这个玩意儿有了一丝自觉，不时也会对政府提出一些想法，甚至是如"米骚动"那样的妇女反抗。不知这对当时急于"开智"的岛国人民来说，到底是喜还是忧。

不过，至少现在看来，明治式的"开智"策略、媒体的言论导向，加上岛国人民所固有的某些属性，"忧"的成分显然会更多。早先日俄战争胜利后东京出现的"暴民"即在很大程度上佐证了这一点。

"开智"的民众几乎在《朴次茅斯条约》签订同时，便开始变得异常亢奋，报章媒体也纷纷提出抗议，内容则多数是"我们不能便宜了俄国人""同胞的血不能白流"之类。"日比谷烧打事件"随即发生，群众的口号是"仗要接着打""皇军威武""天皇万岁"……更令人担忧的是，暴民的头目并非全都来自右翼好战分子，他们中还有不少是倡导民权与普选的所谓开明派人士。

所以，经由明治而"开智"的岛国民众更多的或许是一群不知天高地厚的暴民。当然,也可以说得好听一些,比如"有血性的日本人"。因此,所谓岛国的侵略战争,"百姓是无辜的"一类的话实在有待商榷。事实证明,如果他们要搞事,那或许比政府大佬们厉害得多,毕竟"无知者无畏"嘛!何况"开智"所灌输的那一套关乎民族大义的东西,只会让他们变得更为暴躁不安。这时候的岛国领导们往往只有两条路可选:第一,对内实行残酷镇压;第二,对外发动侵略战争。遗憾的是,多数当权者最终选择了后者,他们将岛国内部的诉求与帝国主义的扩张"完美"地结合了起来。

不过对于岛国那不知天高地厚的暴民们,试问一句,继续和俄国打下去你们觉得自己耗得起吗?即便"及时"收手,据说岛国都已耗费了近15亿日元的巨资,动员了100万以上的兵力,甚至都到了一边打仗一边修改征兵令的地步,即:将先前32岁的服役年龄上限调至37岁。此外,暴民们可曾想过吾国东北老百姓的感受吗?上万无辜东北人民死于一场外国人在自己家乡进行的战争……

平民宰相

事实上,暴民们除了对日俄战争结束后所缔结的条约感到不满外,他们也以这样的方式宣泄着自己内心的苦闷。变革在很大程度上就意味着淘汰,何况是在那急速工业化的近代日本社会,深感被时代抛弃的岛国民众绝不在少数。

然而,得益于1918年"米骚动"事件而上台的首相原敬(1856—1921),多少让亢奋的群众有了一些欢喜。因为他是岛国历史上第一位平民出身的首相(既非来自"萨长土肥",也非皇室贵族出身)。虽然号称史上首位"平民宰相",但既然已经身居高位,那么和平民就没有多大的关系了,即使大家对他满怀期待。

事实证明,他在任期间推行的一系列政策对平民们并不友善。不过也是,能够当上首相,他首先应该感谢的就是傍上了山县有朋这位重量级人物。此外,他还必须兼顾其所属政党"立宪政友会"和那批岛国幕后大佬们的利益,当然,还包括高级军官(不论是否退伍),贵族院(一听名字就知道是一群保守派高官),枢密院(天皇的顾问们),曾经的藩阀领导们,乃至旧朝廷的一些要员。虽然有的人身兼数职，但各利益集团的钩心斗角从不间断，随着维新元老们的老去，权力之争也愈演愈烈，天皇圣旨成了政治乱局最后的遮羞布。

所以，认为"平民宰相"会为岛国人民谋福利那无异于痴人说梦，光是要协调以上利益集团间的关系就已经累得够呛。更何况，原敬步步高升的背后是一张张的政治献金关系网，一大批地方土豪绅士都对其有过不少帮助，当然，他们也能在原敬那里拿到巨额回扣，正所谓"官商合作"嘛！尤其是当原敬当上了首相，他们十分庆幸自己的投资没有白费！

1921年11月4日傍晚，原敬在东京车站前遇刺身亡。主要原因据说正是有人对政界的一连串腐败事件以及他的相关处理方式感到不满。比如自其担任首相以来，甚至连有关官场腐败的报道都受到了严密监控。不过想想也是，作为政党指挥家，人家历经18载，从干部长到总裁再到首相，靠的主要不就是这个东西嘛！走向人生巅峰，你让人家不知恩图报一下，于情于理也说不过去呀！毕竟像吾国海瑞（1514—1584）那样的"好同志"世上罕见。20世纪中叶开始得以长期执政岛国的自民党政权用的不也是这个套路嘛！只是因为时代变了，领导人的境地相对变得安全了。

不过，人家原敬倒也不是位怕死的主儿。据说，早就传闻有人要弄死首相大人，但他本人倒是始终一副"要杀就杀"，满不在乎的态度（估计他对当时自己所从事这份职业的危险系数有着相当深刻的认知）。

至此，日本最初真正意义上的政党内阁（相对藩阀内阁而言）宣告瓦解，原敬成为自1885年内阁制建立以来，岛国首位被暗杀的在职首相。死后，他如愿被安葬在了自己的老家——岩手县盛冈市，终年65岁。暗杀他的人依旧是那群狂热爱国者中的一员……

独立知识分子

虽然原敬牺牲了，但他曾经领导的政党内阁至少让我们看到了岛国地平线上那一丝西式民主的曙光。此外，在推动日本所谓西式民主的进程当中，就不得不提一位曾受聘于袁世凯（1859—1916）北洋政法学堂的知识分子——

吉野作造（1878—1993）。

吉野毕业于当时东京帝国大学的法学系，这是一所培育岛国官僚精英的顶尖学府，战后本着消除军国主义思想的目的，去掉了"帝国"二字。以吉野的学历背景，他完全可以成为一名帝国的官僚，以天皇之名参与管理日本，然后飞黄腾达，当然，最终死于非命的概率也挺大。不过，吉野选择作一名自由派人士，以独立知识分子的身份推动祖国的发展，上一位这么做的知名人士应该就属福泽谕吉了。

吉野总是说，如果日本想要成为那种受人尊敬的大国，就必须实现民主。在他看来，所谓的政治应该是为民众谋求幸福的，因此，理当实现普选，让那些能够代表人民群众的人来参与政治活动。更何况发生战争时，大家为国征战，并时常捐躯。这一套逻辑也是所谓大正年代民主政治的根基。

不过，吉野毕竟是聪明人，他知道这样的想法十分危险，将"主权"与"民"联系起来显然有悖于大日本帝国的宪法精神，天皇的神圣地位就会受到威胁。他也害怕被扣上个什么反叛罪、不敬罪的帽子，最后死于非命，所以他使用"民本"二字，以示与某些激进的民权思想有所区分。天皇你最大，没有问题，这是上天对你的眷恋，具有天然的合法性（即所谓"君权神授"），但你得以百姓为"本"，时刻为人民群众着想，大概就是这个意思了。不过，这也不是啥新鲜事物，吾国两千多年前的孟子（前372—前289）就已经提出了这样的观点，正所谓"以民为本"嘛！虽然内涵略有不同，但也是大同小异。

此外，吉野也是一个非常纠结的人。比如他认为天皇的神秘色彩有朝一日必会褪去，但又不是现在；朝鲜人民终将获得自由，但却无法享受主权；有时吉野甚至天真地认为中、日、韩三国应当携手共同对抗西方强权；并且，他还希望能够撤销一些既得利益者的集团与组织（如枢密院）。但不得不说，这位矛盾重重的思想家已经算是当时岛国民主人士的先锋了，他也确实为推动日本的民主事业（如普选事业）做出了贡献，尽管他从来不带头参与民众暴乱活动。可能作为东京帝国大学的教授，明哲保身是一项必备的技能吧。

吉野曾于1916年到访过朝鲜，目睹了日本人的那一套同化政策——满含歧视且残暴，尽管殖民当局始终对所谓

"同文同种"的宣传策略持自信态度。显然,朝鲜人是不会买账的,他们受尽了凌辱,即使在21世纪的今天,这种仇恨依旧没有得到一丝化解。在吉野看来,1919年那场对朝鲜起义人民的屠杀始终是日本大正时期的一个污点。不过,他一边支持日本当局的镇压行动,一边不忘呼吁要对朝鲜人民温柔一点,这就有点变态的意思了,或许可以说得好听一点:作为一名独立知识分子,他还有那么一丝人文主义精神。此外,我们也不能因为他推动了岛国的西式民主进程,就将其归为进步人士,或将其视为友好人员。实际上,吉野完全拥护岛国当局发动的日俄战争,因为在他眼里,俄国就是一个赤裸裸的封建专制国家(日本好像也差不多嘛)。并且,在他看来,岛国就应该是朝鲜和吾国东北地区的天然主人。

以上就是号称大正民主运动发起人——吉野作造的思想事迹。不得不说,既然连他这样的岛国人都对殖民扩张之国策无本质异议,那么日后岛国走上法西斯军国主义之路也就不难理解了。对了,吉野还曾积极评价过吾国1919年爆发的"五四运动",或许是因为这场运动恰巧符合其所谓的"民本"思想吧。

天灾人祸

还是那句话,以"非黑即白"的思维对待历史人物将有失偏颇,吉野作造的人文关怀也非完全流于表面。

1923年9月1日,岛国关东地区(东京、神奈川、千叶等地)发生里氏8.1级超大地震。这天中午,大多数的居民正在准备午餐,忽然,从地底下传来一声沉闷的轰鸣声,随即整个大地开始发生极为剧烈的抖动,这种程度的摇晃让即便是习惯了地震的岛国居民都惊慌失措。刹那间,房屋成片倒塌,许多人还没反应过来就已被压死在屋内,更为糟糕的是,烧饭的炉火翻倒在地,引起木质结构的房屋着火,短短数小时,东京就已成为一片火海,数万人被活活烧死,数百万人受灾……不过那位"望远镜"天皇此时正和他的夫人在远离东京的日光市,所以没有人身安全上的问题,倒是有几位倒霉的皇室成员因房屋倒塌而身亡。

由于关东大地震破坏力之大,日本曾一度考虑迁都,不过最终遭到了否决,不知这一决断的背后又隐藏了什么样的阴谋,或者仅仅是因为那位天皇对这场惨绝人寰的地震没有实感。但亲历地震的人必定痛苦万分,谈之色变。

所以，灾后有大量关东地区居民移居关西，这也是20世纪20年代大阪的人口一度超过了东京的主要原因。

这样一场突如其来的巨大灾难，无疑给岛国人民，尤其是震灾区人民带来了极为沉重的打击。但不知是一场经人策划的阴谋还是人们的精神真的出了问题，或者是两者兼有。震后，"有老外用地震仪器加害日本""是朝鲜人趁机放的火""朝鲜人要开始暴乱了""朝鲜人还往水井里投毒"等等谣言开始迅速传播开来，于是，一场针对当时岛国二等公民朝鲜人的惨绝人寰的大屠杀开始了。

最终，在暴民、警察、军队的"精诚合作"下，数千名朝鲜人死于非命，据说被残害的朝鲜人几乎都找不到完整的尸首。不禁让人联想起那场14年后日本人在吾国南京犯下的滔天罪行，对于屠杀，不得不说，他们或许具有某种与生俱来的天赋。此外，或许是傻傻分不清，又或者是杀红了眼，数百名来自中国浙江的华工以及留日学生也惨遭日本人杀害。然而，"误杀"的说法应该多是来自岛国当局的诡辩，杀红了眼的可能性显然更大，因为当时不少中国人都还没有剃去清朝的长辫子，并且穿着也与朝鲜人不尽相同，所以辨识度应该不低。

当然，我们对日本人民也不能一概而论，就像对某位具体人士的评价也不能是"非黑即白"那样。前面讲的吉野就曾经试图保护韩国人，就像那位纳粹党的干部约翰·拉贝（1882—1950）想要保护中国人一样。并且，吉野还想要修正那份被岛国官方低估，或是篡改了的朝鲜人民受害人数表。

杀机四伏

此外，吉野对岛国民主进程的推动也并非徒劳，关东大地震两年后，日本出台了《普选法》，承认25岁以上的成年男性具有选举权，注意：仅仅针对男性哦！至于女性拥有选举权那还得等到20年后呢！

尽管许多知识分子并不对"普选"做积极评价，甚至厌恶"普选"的也大有人在，但事实上，按照所谓"进步论"的说法，日本至少在制度层面取得了一些进步，向黑格尔（1770—1831）口中的那个"历史的终结"迈出了一小步。

然而，岛国那群精明的领导也不是吃素的。几乎在同一时间，一部名为《治安维持法》的法令也开始实施，此"治安"非彼"治安"，它的目的是维护日本现有"政治"的"安全"，即"天皇制的国体"不受侵犯。领导们在这部法典的庇护下可谓安全，因为包括社会主义者、无政府主义者、和平主义者以及自由主义者在内，凡是胆敢与当局政府作对的，一律问刑，大牢的门随时为相关的活跃分子们敞开。岛国勇敢地向前迈出了一步，然而，又向后退了几步……

1929年，吉野的校友滨口雄幸（1870—1931）成为日本第27任首相，他也毕业于那所精英学府的法学系。这位被誉为"雄狮宰相"的是接替因处理关东军炸死"东北王"张作霖一案不当遭天皇训斥而辞职的田中义一（1864—1929）出任首相的。同时，他也是首位明治以后出生的首相，不由让人感慨，江户时代真的已经远去了。

虽然雄幸是一位刚正不阿、尽心尽职的国家元首，但他还是遭到了右翼暴徒的枪击，并于几周后撒手人寰。事后，被逮捕的凶手说出了暗杀的理由，即"岛国经济的不景气和首相干扰了天皇的统帅权"。当然，最重要的原因他没说,他也不会说。

事实上,雄幸裁减了岛国的军费,1930年在伦敦海军裁军会议上,雄幸首相的内阁代表日本政府签了字,"成功"限制了日本海军扩充军备力量。大家可不要认为岛国的军队是乖乖听首相指挥的。相反,岛国的军队统帅牛得很,他们骄横跋扈、气焰嚣张,根本容不得作为文官的首相来插手自己的事儿(自己举荐的除外)。

究其原因,就不得不谈谈那部维新大佬们制定的《大日本帝国宪法》。根据宪法精神,岛国内阁必须有现役的陆军统帅和海军统帅参加。于是乎,一旦出现了不能让军队统帅满意的首相,或者是出现了让军队不爽的政策,他们就不干了,要不就不参加相关讨论,又或者干脆就辞职了。那么,根据《大日本帝国宪法》之精神,此时的内阁便无法成立。所以,有时候甚至仅仅是为了让军队来个人,内阁就不得不对军队统帅听之任之,即便大伙儿不乐意,但宪法就在那儿摆着呢!

并且,还是基于这部宪法的精神(这个梗好像是过不去了),陆海军的统帅权在天皇。这么说来,雄幸内阁确实如那位行凶人员所说,"干扰了天皇的统帅权"。就法律层面，这没有问题，但就实际情况而言，一切都要经过天皇的许可显然不现实，不然还要你首相干啥？况且，当年明治大佬们的初衷实际上也只是以天皇的名义实行自己的权力而已。不得不佩服岛国军队人士的"文武双全"啊，这么看来，他们解读文件的功夫也具备了相当的水准。

所以，岛国的军队人士不但偶尔玩玩高级别的暗杀（事实上频率还真挺高），他们还学会了钻法律的空子。

不到两年的时间，又一位首相大人遭军队狂徒暗杀而身亡，他就是犬养毅（1855—1932）。1932年5月15日，天气晴好，刚做完身体检查且显示健康状况良好的犬养毅随口说了一句："兴许能再活个100年吧！"

傍晚时分，10多名军人强行冲入首相官邸。不知此时犬养毅是不是想起了当年胜海舟和龙马君的故事，幻想着自己能够感化这群暴徒，于是乎，首相大人不慌不忙地将他们请到了接待室，一副"有话好说"的架势。但此时骄横跋扈的岛国军官可不是那位有着美好理想的热血青年坂本龙马，犬养毅也显然没有大佬胜海舟那般走运，随着一声枪响，首相大人还是倒下了。数日后，官邸大厅举行了隆重的葬礼，前来参加追悼仪式的人很多，其中还包括一位名叫查理·卓别林（1889—1977）的英国演员。

事实上，这是一场有组织有策划且有一定规模的系列暗杀活动，史称"五一五事件"。以海军少壮派军人为主的暴徒们除了首相官邸，他们还袭击了警视厅、三菱银行、政友会总部等地，刺杀目标人物多达数十人。究其原因，这批人让军队人士感到束手束脚，犬养毅生前就曾极力阻止日本海陆军的激进分子与吾国开战。

至此，日本的政党政治已经名存实亡。首相临终前的遗言"有话好说"以及暴徒的回答"少废话，开枪！"亦成了著名语录。等待着岛国的将是一条名为法西斯的自我毁灭之路。不过，那都是20世纪30年代之后的事情了，大正年代未完待续，虽然也已渐入尾声，并为之后暴风雨的来临奏响了前曲。

精神

《善的研究》是明治维新以后最为畅销的岛国哲学著作，同时也是日本近现代思想史上的名著。其作者西田几多郎(1870—1945)自然就成了20世纪初日本最具影响力的哲学家。这位来自京都帝国大学的教师企图融合东方佛教思想以及西方哲学思想,建立一个超越唯心主义和唯物主义的哲学体系。

事实上,融合东西方的思想文化也是现代日本诞生早期乃至以后很长一段时间内岛国精英知识生产的不竭动力,其目的在于创造一种具有所谓"日本性"的东西,这或许也是一种"民族自觉"的体现吧,毕竟整天这里学学,那里学学也不是个办法嘛!"不立文字,见性成佛"的禅宗、"龙场顿悟"的王阳明(1472—1529)、"历史的终结者"黑格尔、"精神病专家"海德格尔(1889—1976)、"疯子"尼采(1844—1900)等的思想学说都可以成为他们创造"独特"日本思想的养分。不过,说到底还是"学来的"。

至于西田哲学嘛,固然有它玄奥的地方,并且各个时期也有所发展,但"主客合一""直感"等的概念始终一以贯之。结合时代背景(对任何学说的阐释,如若脱离时代背景都将失去某些真意),或许可以解释得更直白一些:你要为了天皇这个外在的"客体",放弃自己这个内在的"小我",并且不要瞻前顾后,"顿悟"后就去放手一搏吧!

这么看来，也难怪西田的那套东西在战后很长的一段时间里都无人问津。

不过，他的哲学思想在当时可是红遍了整个岛国，西田及其学术追随者们（如户坂润）甚至还整出了个"京都学派"的名号，并且确有不少共鸣者，比如那位号称"日本法西斯理论创立者"的社会活动家北一辉（1883—1937）。

不知是否有天性使然的成分在，抑或是后天受到了某些巨大的精神刺激，或者兼而有之，西田崇尚的是"暴力美学"。岛国"和平"的民主改造完全提不起他的兴趣，也可能所谓"和平"的进程在他看来充斥着卑劣、自私与腐败。北一辉推崇"疯子"尼采，鼓吹大伙通过主客、人神合一之类虚无缥缈的东西来解放自己的精神，让个人有某种宗教式的归属感，而这个宗教的头领又是那位天皇……

他应该是洞彻了明治大佬以来那帮政客、官僚和富商们的利欲熏心。虽然50多年前"大政奉还"之后，天皇就已经是岛国的全权领袖，但他被幕后的那帮野心家一次又一次地利用，甚至玩弄于股掌之间。继而，北一辉认为很有必要对日本进行一次大改造，让天皇拥有"绝对权力"。

至于岛国民众,他们只有将自己这个"小我"融入实实在在的"天皇国家"这个"大我"之中才能得到真正的解脱。说得直白一些或许就是,通过这种方式去直面死亡吧!成为炮灰之后就能通往极乐净土,阿弥陀佛!唉,可怕的岛国思想家啊!这比当年水户藩那群"叛逆"的思想家可激进多了。

但不得不说,北一辉的思想在那个年代的岛国具有很强的吸引力,当然也极具破坏力。刺杀日本四大财阀之一安田财阀大佬的凶手就认为正是因为这帮家伙的存在,天皇与百姓间的距离才会疏远。刺杀首相原敬的凶手平日没事就会读一读北一辉写的东西,比如那本名叫《雄叫》的杂志。

更为可怕的是,这样的思想赢得了部分少壮派陆军暴徒的共鸣,他们中的多数来自偏远贫苦的农村,与北一辉一样,年轻的军官们相信没有官商"搅局"的天皇国家会美好得多。于是,他们打着"尊皇讨奸"的口号,发动了军事政变,企图将所谓的"绝对权力"交还给天皇,清除贪官污吏,结果数名政府高官死于非命。这一史称"二二六事件"的政变虽然发生在大正时代结束以后,但其幕后指挥正是北一辉，而他的那套思想理论则成型于大正年间。

正所谓"解铃还须系铃人"，这些被称为"皇道派"的年轻军官内心里只容得下天皇大人。于是，"受宠若惊"的天皇立即下令用武力镇压这场暴乱。当然，同时也不忘呼吁他们自首，甚至还印发了一份载有以下内容的传单："年轻的官兵们，你们赶紧回部队去吧，抵抗者一律当作乱臣贼子来处决，你们的父母也将成为国家的叛徒，大家都会痛心的！"结果可想而知，政变平息，北一辉被处死。然而，北一辉的思想并未在岛国消亡，甚至连大正末年才出生的三岛由纪夫都曾表示对其思想十分怀念，也难怪最终三岛以"暴力美学"式的行为结束了自己年轻的生命⋯⋯

此外，这一事件过后，陆军系统里的"统制派"相较于"皇道派"占据了上风，他们的行事风格是：依据相关法律对政府进行施压，从而实现自己的政治抱负。鉴于军队人士那"高超"的宪法解读功力，显然，岛国的前景愈发不容乐观了。并且，类似暴乱的频发已经足以让人们体会到那个时代岛国社会之浮躁，似乎每个角落都散发着浓浓的火药味⋯⋯

忍

"二二六"兵变也是日本近现代史上一场著名的"以下克上"事件，发动兵变的年轻军官和那些受迫害的高官比起来，地位显然要低不少。时代能够孕育出这样一场造反，除了那些政治思想因素外，应该还与日本社会那种让人透不过气来的所谓"秩序"相关。

现代日本社会给人的印象就是秩序井然、礼仪到位。然而，这样的"秩序"与"礼仪"却时常伴随着对个人的压抑。随处可见的互相鞠躬、点头说抱歉、热情洋溢的笑脸，无不让外国人充满敬意，岛国人民也乐此不疲，毕竟他们如此重视自己国家在国际上的声誉。

但问题是，这些行为有多少是发自内心的？不过，这似乎也不是重点，事实上，礼仪对他们来说多数是一种日常的装饰，仅此而已。包括那每到过年就不得不寄送的充斥着泛泛客套话的贺卡，日本人的繁文缛节实在太多。

在职场上，类似的"秩序"与"礼仪"就更夸张了。上下等级格外森严，下级对上级的指示除了一个劲地点头哈腰，似乎没有，也不会有什么别的选择。据说，日本公司的领导如果让自己的某位员工用一晚上时间将一根铁棒磨成针，这位员工即便知道这是一件不可能完成的任务，但他多半都会照做不误。虽然员工可能只是在那边一个劲地磨洋工，不过，认认真真磨铁棒的日本人应该也不在少数。类似现象或许就与包括工作伦理在内的日本民族的整体特征相关，不管结果能不能实现，至少你的态度是好的，你是足够忠诚的，这就够了。

但是，压抑久了，再坚忍的人也会有反抗的念头，"物极必反"之后可以是"否极泰来"，也可能是"泰不来"，毕竟民族性是一回事，具体到每个日本人身上又是另外一回事，他们所能承受的压抑程度也是千差万别，最终部分人"忍无可忍，无须再忍"，干出一些令人匪夷所思的事儿也就不足为奇了。

现代社会尚且如此，更何况是那个等级更为森严的时代，如果再加上自视甚高，或者领导水平确实不如自己，又或者受到了某种前卫思想的浸染，种种因素相互叠加，发生"二二六"事件也就不难理解了。

湖南

说起以西田为核心的那个名为"京都学派"的哲学小圈子,就不得不提京都帝国大学里头的另一个"京都学派",那是由一群研究东洋史的学者所组成的学术团体,据说最先使用"京都学派"来称呼他们的还是吾国那位娶了中国媳妇之后,又娶了日本媳妇的郭沫若(1892—1978)。此外,这个"京都学派"虽然以研究东洋史著称,但他们几乎都是在研究中国,至于东洋的其他国家,他们鲜有兴趣。这个学派也有一个类似于西田那样的祖师爷,他就是内藤湖南(1866—1934)。

首先,可别以为这位师爷与吾国的湖南省有什么联系,内藤的"湖南"只是因为他出生在一个名为"十和田湖"的美丽小湖泊以南,故名"湖南"。这种以地理位置来取名的事儿在岛国可以说是相当普遍,比如什么松下呀(即松树下面),田中啊(即田地中央),村上(村子北边),等等。

据说湖南5岁开始读吾国的《四书》,9岁已经能写汉字诗了。初中毕业后的他,考上了秋田师范学校,开始了对中国儒家经典的系统性学习。这四年间湖南看得最多的是《全唐诗》《唐诗别裁集》等中国古典书籍。看来对于研究中国的东西，他兼具天赋和兴趣，这对于一名学者来说，差不多就已经足够了。

然而一开始，湖南并没有选择做一位象牙塔里的学究，而是选择成为一名政论记者。说得通俗一点就是，他没事就写写政治评论什么的，比如发表发表自己对甲午海战、日俄战争的看法。到1907年，湖南才在另一位学术大咖狩野直喜（1868—1947）的推荐下跑去京都帝国大学当老师，由于他没有什么像样的文凭，所以校方只能让他先做个小讲师。看来文凭在那个时代的岛国就已经挺管用的了。

不过，两年后湖南就晋升为教授，这样的晋升速度要是放在今天绝对是件惊天动地的事儿，尤其是广大文科类的高校青年教师们估计连想都不敢想，但那个年代的湖南做到了。此后，他在那所著名的大学里执教了近20年之久，从明治末年一直教到大正时代结束他才退休，也正是在这一时期，世界著名的东洋史学"京都学派"得以形成并逐渐发展壮大。此外，退休后的湖南依旧闲不住，一边生着病还一边跑到吾国东北（当时的伪满洲国）去出任日满文化协会的顾问……

是时候说说这位师爷的学术贡献了。对了,他的学术有一个专门的称呼,名叫"内藤史学",听上去就挺牛。就世界范围来说,"内藤史学"也是鼎鼎有名的,当然,这也和他那几位争气的弟子不无关系,如宫崎市定(1901—1995)、吉川幸次郎(1904—1980)等人。客观上说,"内藤史学"也确实为吾国的历史研究做出了不少贡献,虽然湖南的研究动机未必纯良。

"唐宋变革说"和"文化中心移动说"是"内藤史学"的核心与精髓。

第一个"唐宋变革说"主要是涉及吾国历史的时代划分问题,他认为中国在唐、宋之间有一次较大的社会转型,社会的许多方面都发生了显著的变化。当然,这也不是他平白无故想出来的,德国史学界和日本史学界都对他的这一提法有过启发。另外,他自己也确实相当努力。

至于那个"文化中心移动说"就多少带有些岛国人民意淫的性质了。湖南认为,吾国的"文化中心"从洛阳到长安,再从北京到南京,它是会移动的,于是乎,这个"文化中心"下一步就要移动到岛国去了,日本将接手振兴中国文化的重任。读读湖南的《支那论》，甚至能让人感受到他那指点吾国江山的傲慢姿态。

事实上，这一观点和那位西田的学说有某些本质上的一致性，即歌颂岛国的优越，只是各自的研究领域不同，所以切入点不同罢了。但毫无疑问，他们的学说都为岛国日后发动侵华战争起到了推波助澜的作用。耐人寻味的是，这个"移动说"也非湖南的发明创造，而是他从吾国史学家那里学去的，只是湖南学以致用，将所谓的"气运"的演化引向了他的那个东瀛之岛。

此外，湖南并不是一位书斋型学者，仅根据文献记载，他一生踏上吾国土地就不下十次。不过，这一时期的中日交往确实挺密切，像那位"唯美派"大师谷崎润一郎、"暴徒"北一辉都来过中国，他们或是旅游，或是小住，暂不论其真正目的，出个远门总是能调节一下个人情绪的嘛！除了看看外面的世界，也能为自己增加一些创作上的灵感。北一辉那著名的《日本改造法案大纲》就是在上海写的，谷崎大师回国后也写了《秦淮之夜》《西湖之月》等文。他们还都与当时中国的政客或是文人有过交往。

这不，辛亥革命时，湖南就曾邀请吾国国学大师罗振玉（1866—1940）东渡避难，并建议其将藏书和古董带至日本保存，寄放于京都帝国大学图书馆，并且声称都已为他准备好了住处。真所谓"无事献殷勤"，日本人的小心思啊！日后，当罗振玉拖家带口返回中国时，其留在京都家中的一切书籍和文物均被湖南下令拉回了那座著名的学府……

裕仁

裕仁就是侵华战争、第二次世界大战期间岛国的最高领袖昭和天皇。在他那位可怜的"望远镜"父皇还未过世的 1922 年，他便开始摄政，历经战败，他竟然神奇地活着，并且还继续坐着岛国天皇的位子，直到 1989 年 1 月 7 日。由于他的长寿，外加美国人的一波操作，裕仁最终成为岛国历史上在位时间最长的天皇，比吾国那位 8 岁就登基做皇帝，在位 61 年的清圣祖爱新觉罗·玄烨（1654—1722）还多出两年。

距出生还不到 100 天，裕仁就被寄养到了一位海军将领的家中，一寄养就是4年。之后，小裕仁有过两位鼎鼎大名的老师——乃木希典与东乡平八郎——日俄战争中的那两位"军神"。在乃木追随自己的爷爷剖腹自尽以后，东乡接任了这一光荣的职务。据说，小裕仁对他的老师们都很敬重，尤其是乃木希典，裕仁总是称其为"院长阁下"。当然，我们已无从知晓这位老师的那种日本式行为艺术给裕仁幼小的心灵带来了什么样的影响，或者说是刺激，甚至是创伤。或许也只能从乃木自杀后，裕仁变得自闭，开始对"无言"的生物学起了兴趣这样的转变里去寻找一些线索。对了，直到裕仁去世，皇宫的"生物学御研究所"里依旧保存着他早年采集的五大箱子各式各样的生物样本。

　　裕仁和现在的岛国天皇一样，自小就过着几乎与世隔绝的生活，只是课业内容更富有那个时代的鲜明特征罢了，打打枪、看看地图、骑骑马，好像都是他的必修课。尽管裕仁长相斯文，身材矮小（1.6米多一点），还有一些先天性的疾病，如右手手指活动受限、近视等（估计和过窄的皇室婚配范围有关）。总之，一看就不是块尚武的料，但是据说他很勤奋。

至于青年时期裕仁被灌输的思想，估计离不开当年水户藩"叛逆"思想家们的那些发明创造，并且应该还加入了不少与时俱进的种族理论，比如"日本人的血统是多么纯净啊""皇室的血脉是多么高贵和神圣啊"之类的东西。何况，迫于"一战"的战败和国内革命的压力，德意志帝国末代皇帝退位一事多少让岛国那批尊皇的大佬有些担忧，在他们心里，维系天皇的崇高威望永远是最重要的。所以，即便青年裕仁的思想不是右翼的激进思想，但也至少是偏右翼的，并且在他看来，这应该也更有利于岛国的稳定。正如当他谈及社会上曾经流行或者正在流行的各种思想时所说的，他并不害怕北一辉那样的暴徒，真正令他感到不安的是马克思主义和民主自由一类的东西。

在裕仁摄政的前一年，他去了一趟欧洲。尽管保守派人士对此次远渡重洋颇为担忧，有的人怕他学坏，有的人则担心他的安全问题，当然，也有人顾虑这位小年轻会在高大的洋人面前感到自卑，甚至受到羞辱。不过，他还是于当年的3月3日启程了。

这位年轻人搭乘"香取号"军舰，途经我国香港、新加坡、斯里兰卡，于5月7日抵达英国朴次茅斯港，开始了他对欧洲的实地访问考察。尽管"一战"后的欧洲大陆百废待兴，但也已经足以让这位长期"与世隔绝"的年轻人大开眼界了。另外，这或许也是他一生当中最为惬意的一段时光，裕仁见识了老百姓们搭乘公共交通时候的场景，他终于有机会和普通人近距离接触了……英王乔治五世（1865—1936）还亲自去车站迎接了裕仁。

日后，当裕仁回忆起这段英国之旅时曾说："当时，英皇室的成员大多与我一般大，身处其中，简直让我有了'第二个家'的感觉。"但是，估计裕仁自己都不知道啥是"家的感觉"。接着，他还回忆道："特别是英王乔治五世，他与我促膝长谈，指点我有关君主立宪下的君主概念。"事实证明，乔治五世的指点也并没有什么用，裕仁还是那位裕仁。回国初期的他还装装英伦范儿，但这种外形上的模仿也很快就消失了。不过，据说英国皇室人的那种轻松自如让裕仁印象非常深刻，裕仁吃惊于：他们的表现好像和普通英国人并没有什么区别。如果说此次英国之旅还有什么别的在这位皇太子身上留下了所谓的印记，那应该就是培根鸡蛋了，毕竟他吃了一辈子这个东西。

在法国，当地军官们都对这位年轻人所表现出来的军事理论才能大加赞赏。据说裕仁还特地去了一趟"巴黎荣军院"（又名"巴黎伤残老军人院"），拿破仑（1769—1821）的墓地就在那里，他还带回了一个旅游纪念品——拿破仑的半身像，回国后将其摆放在了自己的书房里。耐人寻味的是，战后他多摆了一个林肯（1809—1865）像，再后来又放上了达尔文（1809—1882）的像……

1926年，那位可怜的"望远镜"天皇驾崩，裕仁正式成为岛国第124代天皇，昭和时代就此拉开序幕。与他祖辈们的年号一样，"昭和"二字依旧取自中国古典文献，只是这回由《易经》变为了《尚书》，其意为"百姓昭明，协和万邦"。

两年后，那部《治安维持法》又进一步给予了岛国特务机构以权力，相关工作人员也更为卖力地搜捕那些所谓的"不听话"人士，而某些鼓吹日本独特性，教导大伙要崇拜天皇、与天皇携手奋进的高级人才则获得了步步高升的机会。据说，同年11月14日，裕仁在伊势神宫与自己的祖先们共同度过了一个神秘的夜晚。次日，他获得了新生，成为岛国那个无所不能的"上帝"，而在数百公里外的首都东京，帝国的陆军与海军正等待着他的检阅……

记忆

1913年　宋教仁被暗杀、袁世凯就任大总统、中国爆发二次革命

1914年　第一次世界大战、袁世凯银元发行

1915年　日本向中国提出"二十一条"、陈独秀在上海创办《新青年》杂志（标志着中国新文化运动的开始）、袁世凯称帝

1916年　袁世凯去世、津田左右吉《表现在文学上的日本国民思想研究（文学に現れたる我が国民思想の研究）》问世、夏目漱石《明暗（明暗）》问世

1917年　世界上第一个社会主义国家苏维埃俄国成立、张勋复辟失败、俄国十月革命、田边原《科学概论（科学概論）》问世

1918年　日本富山县爆发米骚动（后发展为全国性群众运动）、"一战"结束、日本出兵西伯利亚

1919年　巴黎和会、《协约国和参战各国对德和约》（又称《凡尔赛和约》）签署、中国爆发五四运动、北一辉《国家改造案原理大纲（国家改造案原理大纲）》问世（后改名为《日本改造法案大纲》）

1920年　日本明治神宫创建、国际联盟成立、日本加入国际联盟（成为常任理事国）

1921年　日本首相原敬遭暗杀、中国共产党成立、华盛顿会议召开

1922年　日本签署《限制海军军备条约》、日本共产党成立、苏维埃社会主义共和国联盟（苏联）诞生

1923年　日本发生关东大地震

1924年　中国第一次国共合作

1925年　日本制定《治安维持法》和《普通选举法》、孙中山去世、井上哲次郎《我们的国体和国民道德（我が国体と国民道徳）》问世

1926年　大正天皇去世、日本放送协会（NHK）成立、国民革命军开始北伐战争

第四章　昭和、军人、恶魔

张大帅

1931年9月18日，在如今沈阳的柳条湖附近，发生了一起小型爆炸。那条由俄国人修建，后又转手给日本人的南满铁路遭到了些许破坏。于是，日本人不愿意了，说这是中国军队干的，遂决定报复。当然事情不会这么简单，那其实是日本人自导自演的一出戏。结果，很快，大半个"满洲"（"满洲"差不多相当于现在的东北三省）就落入了日本人的手里。1931年的这次"满洲事变"（即"九一八事变"）也标志着日本侵华战争的开始。

随后，中国向国联请求仲裁，国联随即派出调查团前往"满洲"调查取证，显然，最终获得胜诉的是中国。与此同时，日本则使出了它的惯用伎俩，即：将自己塑造成一位受害者的形象，在国内一个劲地埋怨全世界都对自己有失公允……之后，岛国逐渐退出了国联。

事实上，早在3年前，日本人的野心就初露端倪。"满洲"地区原本是吾国军阀张作霖的天下，但自从日本人接手南满铁路之后，他们的势力便逐步扩大。铁路沿线地区（甚至包括沈阳、哈尔滨这样的大城市）都成了日本人的控制区域，至于美丽的海滨城市大连更是早就被日本人霸占了，也难怪现在的岛国人对大连总有一种莫名的亲近感。

言归正传，土匪头头出身的张大帅也不是好惹的，虽然表面一副你好我好大家好的样子，但他私底下却痛恨日本人，爱国当然是一方面。另一方面，土皇帝身边还多了个指手画脚的外籍人士，换谁谁都不会乐意。但张大帅也无奈，只能在暗中"使使坏"，比如让当地老百姓别把房子租给日本人。不过随着日本对"满洲"的权益要求（如开矿、设厂、移民等等）越来越多，双方最终还是撕破了脸。

1928年6月3日晚,张作霖乘坐当年慈禧太后(1835—1908)坐过的超豪华火车由北京返回东北。深夜,风驰电掣的列车开到山海关车站,黑龙江督军兼省长兼东北首富,号称"黑熊转世、刀枪不入"的吴俊升(1863—1928)还特意在此迎候,并且上了这趟车,准备陪张大帅一同回沈阳,其实本该没他什么事……

次日凌晨,当张大帅专列途经京奉(北京至沈阳)铁路与南满(吉林至大连)铁路交叉路的三洞桥时,时任铁道守备队中队长,后被称为"满蒙开拓移民之父"的东宫铁男(1892—1937)按下了由日军高级参谋河本大作(1883—1953)专为张作霖设计的那个名为"必死之阵"(三十袋炸药外加冲锋队)的引爆按钮。瞬时间,一声巨响,桥中间的花岗岩桥墩被炸裂,钢轨被炸得飞了起来,张大帅的车厢则被炸得只剩下一个底盘。吴俊升血肉模糊,头顶穿入一枚铁钉,脑浆迸裂,当场死亡,张作霖被炸出十米开外,咽喉破裂,随行的六姨太没了脚趾,现场一片狼藉,惨不忍睹。

时任辽宁省长的刘尚青(1868—1946)闻讯立即赶到现场展开救援,当张作霖被送到沈阳"大帅府"时已奄奄一息，并于当日上午9时许撒手人寰，终年54岁。由于事发地点在距离沈阳仅一公里半的皇姑屯火车站附近，史称"皇姑屯事件"。

当时，日本人就想诬陷中国军人。一方面他们想要保全国家的形象，还是那句话，岛国人历来很注重自己的国际形象，何况张作霖在当时也算是位元首级的人物。另一方面他们也想为自己的出兵寻找借口，因为他们对"满洲"已经虎视眈眈很久了，虽然日本人表面上承认"满洲"是吾国的领土，但心里却将其视为一片尚待开垦的处女地，并自信于岛国人民能为这一片土地带来光明。比如那位长着一张娃娃脸，有"日本第一兵家"之称的石原莞尔（1889—1949）就是这么认为的（关于这位的事迹后面还要细说）。

但最终阴谋还是败露了。据说，连裕仁天皇听闻此事后都感到十分震惊。当然，他主要不是震惊于张大帅的被害，而是对当时驻扎"满洲"的日本关东军之独断行为感到吃惊，心里或许还嘀咕着：你们竟然敢无视我的存在，好歹也先通报我一声嘛！此后，随着岛国那位田中义一首相的辞职，这件事就算这么告一段落了。

失控

不难看出，此时的日本军队，尤其是那支驻扎在吾国的陆军部队，又名"关东军"（因侵占中国山海关以东的"关东州"地区而得名），已经有了失控的迹象。甚至很多时候，军队人士也未必都是为了岛国大局考虑，有时候或许他们仅仅是为了自身的利益和欲望而采取行动。

1929年，世界爆发经济危机，岛国同样遭受重创，部分军人对资本主义产生厌恶情绪，并开始仇视那帮与富商们混在一起的文官。"满洲事变"爆发时，日本的首相曾试图制止此"事变"的蔓延，并倾向于采取对华安抚的政策。显然，军方的这步棋很有可能会将日本带入万丈深渊。但可怜的文官首相是没有权力过问军事的，陆、海军将领也没有必要搭理他，因为他们只对岛国的所谓"上帝"——天皇负责。而另一方面，天皇的谋士们不知是不是收了什么军队的贿赂，让天皇不要插手此类事件，理由倒也挺冠冕堂皇：生怕激怒了军方，他们会起来造反，影响岛内安定。而彼时的在野党则更是一群只会指责文官政府软弱无能，对自己则不作什么要求的人士。

此任文官首相离职后，继任者就是那位可怜的犬养毅，"有话好好说"的犬养毅显然也同样管不住军方，虽然他曾请求天皇出面说两句，但结果却令人失望。当犬养再度试图压制军方的气焰时，他就一命呜呼了。从1932年开始到日本无条件宣布投降的十多年间，执政岛国的14位首相当中，文官出身的只有区区4位。

当然，我们也不能笼统地说军方就都是一群失控的暴徒，里头也还是有些清醒人士的。但岛国有一个"光荣传统"——暗杀，凶手几乎都属于干事不过脑子，还坚信"我爱国、我骄傲"的狂热分子。像江户时期龙马君那样顾全大局的人实在不多。这时候你或许会有疑问，为啥清醒人士干不过这群狂热之徒呢？其实很简单，狂徒们不怕死啊！哪个聪明点的人不按照他们的意思来，那就同归于尽呗！刚开始这群暴徒还受点控制，但无奈他们人数实在太多，简直是前仆后继投身于暗杀这门事业，从首相到大臣再到知识精英，乃至军中与他们唱反调的军官。于是，但凡是不想死的人，统统都闭嘴了。同时，也出现了下层军官越俎代庖，替领导们做决策的怪诞一幕。或许可以说，在那一段"峥嵘岁月"里，正是军方的这群人物带领着岛国一路狂奔，直至奔向最终的死灭境地……

而至于那位岛国的"上帝"，虽然时常被人告知要谨言慎行，但他到底在多大程度上投身于战时政治，又或者是受人摆布，我们至今依旧无法获得准确的信息，即便有，也未必真实，毕竟战后的美国人还需要他。但仅从他授予"满洲事变"相关人士以爵位这件事来看，我们有理由相信，岛国的走向与他的神秘指引不无关系。

人算与天算

对了，差点忘了石原莞尔这位娃娃脸。石原虽然在当时只是一名中下级军事参谋，但他却是"满洲事变"的主要发起人。在德国留学期间他爱上了摄影，于是摄影与军刀便成了他的一生所爱，现存许多有关"满洲事变"的老照片便出自他手。此外，由于日本陆军总部的某些高级将领对此次突发事件并不知情，所以这起所谓的事变也成了"昭和军阀三大下克上事件"之一。

不过，石原莞尔可不能被归入"不过脑的暴徒"系列，相反，他的脑子好得很。当时驻扎"满洲"的日本关东军据说只有一两万人，而风流倜傥的张家公子——张学良（1901—2001）手握至少二十万大军。且就军事装备而言，张学良的部队也丝毫不落下风，甚至更好。但石原硬是发动了这场事变……

连石原本人也承认这是场大赌局，然而他却胜券在握。因为他与当时许多的岛国人一样，翻来覆去研究了中国很久，对当时的中国实在是非常了解。并且，石原与某些只会摇旗呐喊的学识渊博人士不同，他曾经乔装打扮成中国人，跑遍了杭州、上海、南京、四川、湖南等地，还与底层百姓们一起劳作，借此搜集相关情报。可以说，他对我们的民风民情，乃至官民生态都了然于心，所以，他才敢进行这么一场豪赌。在他看来，失去"满洲"应该在国民政府的容忍范围内，并不会掀起大的波澜，至于那位张家公子，石原甚至表示自己只需要用竹刀就能对付。

事实证明了石原的判断，"满洲"也确实"顺利"落入日本人手里。按照他的计划，夺取"满洲"后，日本首要任务就是建设这片所谓的"处女地"，将其打造为一片富裕、强大、美丽的人间乐土（这也是那个年代许多岛国人的梦想），而非继续扩大战线。

但人算不如天算，石原万万没有想到，榜样的力量是无穷的。"满洲事变"的成功，让他成了岛国的英雄，同时也为人数众多的中下级军官树立了榜样，大家纷纷踊跃于武力侵华，估计有不少人只是想立个功啊，封个爵呀啥的，他们根本不顾及后果（毕竟其中多数属于"不过脑的暴徒"型人士），结果战争一发不可收拾，局面彻底失控。

"满洲"

昭和初年岛国的社会风气与明治末年非常相似，裕仁也时常被拿来与他的爷爷明治天皇作比较，乃木希典一类的人物在这一时期的岛国备受推崇，甚至成了岛国人民的楷模，少年的连环画和民间传唱的歌谣中充斥着日俄战争中勇敢的日本兵形象。"满洲事变"的成功，再一次带给了岛国人民意外的惊喜，媒体报纸纷纷为帝国日本的野蛮行径助威呐喊，官方早就厌倦了大正年间那种较为自由的社会风气，"民族精神、专制统治、铁的纪律"再次笼罩着岛国的天空，与之相呼应的还有那一首首雄壮刺耳的行军进行曲。

而对于异端分子，这一时期的日本政府则想尽办法同化他们，对其心灵、肉体的折磨（如让他们感受自己被主流社会抛弃、向家人施压或是直接上酷刑）是政府的惯用手段。当然，即便如此，还是会有拒不合作，拒绝所谓"转向"的人士，比如那位《蟹工船》的作者小林多喜二（1903—1933）。作为岛国无产阶级作家的杰出代表，小林被害时年仅30岁。然而，对于大多数的异端分子，政府的"教育"还是起了作用，毕竟活着是重要的，何况他们还有了新的去处——"满洲"。此外，那场席卷全球的经济危机，也让更多的岛国人民对自己国家抢来的新土地充满了期待。

事实上，"满洲"也确实成了许多岛国理想主义者与革命暴徒的乐园，虽然最终被证明是黄粱一梦，但毕竟比起本土那种压抑的氛围，他们在这里获得了自由，且显得高人一等。部分日本人则当起了日本企业的顾问，并认为自己肩负着一项关乎全亚洲未来发展的光荣使命。

当然，这与岛国官方的宣传不无关系，绝大多数日本人最初并不知道"满洲"长什么样子，虽然他们已经被灌输了"满洲对我们来说极其重要"一类的想法。此外,某些所谓的专家则宣称,"满洲"地大物博,它能为我们提供大量的天然资源,未来这里将成为重工业基地,现代化的漂亮建筑会拔地而起,"满洲"的百姓也将因成为天皇的子民而备受"恩宠",政府官员、商界领袖与军队将领将齐心协力打造"满洲"……

梦想总是美好的,画饼充饥的方法也总是显得那么好用,虽然现代化的城市确实建起来了,飞奔的全封闭式空调列车、繁华的不夜城以及"株式会社满洲映画协会"拍摄的"友好"电影都让人对未来浮想联翩,但日本也为此付出了高昂的代价,国库进一步吃紧,甚至到了亏空的地步。另外,商人、政客、军人与官僚的齐心协力则无异于痴人说梦,对百姓们的"恩宠"就更是无稽之谈,可能最为靠谱的就是,这里确实为他们提供了钢铁、煤炭等重要的矿产资源。

如果说,上头画的"饼"多少还带有些许真实性成分,那么所谓"满洲国"的成立则是一个彻头彻尾的骗局。可怜的末代皇帝溥仪虽然是这个"国家"的元首,但拥有最终话语权的却是簇拥在其身边的那一群时而温和,时而暴躁的岛国人。即便他们在公开场合给足了溥仪面子,然而,明眼人都知道这不过就是个傀儡政权,其实质即为岛国的海外殖民地,所以称之为"伪满洲国"无疑非常贴切。

至于日本人介入的原因,他们是这样解释的:中国目前的时局尚不稳定,需要我们用强硬高效的手段来维系治安,进而维护本国的相关权益。傲慢的语气像极了那位汉学大师——内藤湖南。

之后便有了本章开篇中国向国联请求仲裁的一幕。事实上,当时由英、法等国操纵的国联既不敢谴责日本,也无法制止日本扩大侵略,于是他们只派出一个由英国李顿伯爵率领的代表团来开展相关调研活动,说得通俗一点就是调查调查"满洲事变"产生的背景啥的。但你说他完全没用吧,也不是,至少国联不承认"满洲国"这个所谓的"国家"。但人家日本愤而退出国联,不跟你们玩了,所以实际上还真是没什么用。

不过这时候,聪明的岛国媒体又不失时机地翻出了那些陈年旧账,比如当年日俄战争签订的条约太便宜俄国人了,并且还新加了美国排斥日本移民等内容。概而言之,全世界都想要陷害我们!那位一出口就说"满蒙是日本生命线"的岛国驻国联代表则宣称日本就像是耶稣,被世界舆论钉在了十字架上……

乱象

蠢蠢欲动的岛国军人也不忘在自家门口闹事,1936年那场有名的"二二六事件"爆发,虽然最后被镇压,但如果暴徒们能成功突围杀进皇居,铲除天皇周边的那群幕僚,那么历史又将是另一番模样。

事实上,这些军人暴徒多数来自岛国贫穷的东北地区,在那里,经济萧条的后遗症还在持续,女孩被卖给皮条客,再经他们倒手卖给城市里的妓院是常有的事儿;男孩则多数食不果腹,过着饥寒交迫的苦日子,艰苦的军旅生活对他们来说或许是幸福的。

即便是在当今岛国,政府要派出自卫队员执行有生命危险的任务时,首先想到的还是东北人民,除了特别能吃苦,人比较"单纯"可能是另一个重要原因。他们的前辈们就是极好的例子,自从进了部队,原本空空如也的脑子里迅速被天皇崇拜和纯净国体所充斥,所以在他们看来,天皇周边那些"优柔寡断"的幕僚也和"胆小怕事"的商人、官僚一样,是需要铲除的,只可惜他们未能如愿,但他们也对得起"皇道派"这一称呼了。

而军队里与之对立的"统制派"人士则没有那么狭隘,他们的眼界更具前瞻性。在他们看来,日本未来终将会与洋人开战,团结内部势力,一致对外才是重点。显然,这一派的人士至少听上去显得更理智些,不过亲手策划五年前那起"满洲事变"的石原就属于这一派。但无论如何,这都是军队内部的事情了。国会的名存实亡早已是不争的事实,此时的政府首脑广田弘毅(1848—1948)和他的继任者们除了对军队言听计从,别无他法,但岛内的政治矛盾也已达到了白热化阶段,似乎无法调和。

对了,那位手揣情人阳具,在东京街头徘徊的姑娘阿部定就出现在这一时期的岛国。姑且可以把此事当作老天为了缓解日本社会彼时那种一触即发的战争状态而开的一个怪诞玩笑吧!

公爵首相

1937年，近卫文麿（1891—1945）首相上任，一听这名字就不是普通百姓啊！果不其然，他的家族地位在岛国可是仅次于天皇家，是名副其实的日本华族。其父近卫笃麿（1863—1904）曾是明治时代的风云人物，当时看不下去大清被列强凌辱，提出过东亚保全论，主张日清结盟，并组织成立了东亚同文会。而文麿作为近卫家数百年来首个嫡出的长子，自出生之日起，便集万千宠爱于一身，据说笃麿就经常在宝贝儿子身上拴着绳子，生怕他跌倒，这一招在当时恐怕是蛮新鲜的。三岁开始小文麿就被带着参拜皇室，也真算是裕仁的发小了，不知是不是有什么血缘上的联系，两人长得也有几分神似，只是这位小公爵更帅一些。

文麿和当时多数的华族子弟有所不同，他在皇室学校学习院读完中等科后，没有继续留在学习院上高等科，而是报考了当时的旧制第一高等学校（现在的东京大学教养学部所在地就是这所学校的旧址）。1912年，文麿顺利进入东京帝国大学攻读哲学，但据说没过多久，他就被经济学家河上肇（1879—1946）和西田的学问所吸引，于是就转去了京都帝国大学，公爵果然任性！并且，文麿毕业了也不用自己辛苦找工作，直接以公爵议员的身份进入贵族院，成为岛国领导阶级的一员。人生啊……不过也没啥好羡慕的，毕竟他的生命在日本战败那一年就戛然而止了。

另一方面，应该是受到了父亲的影响，文麿很早就显露出了对由英、美主导的国际秩序的不满，他曾公开表示要"推开英美本位的和平主义"。日后的文麿内阁会与德国、意大利结为法西斯联盟，并倡导"大东亚共荣圈"也就不难理解了。

1919年，这位年轻的公爵跟随西园寺公望（1849—1940）参加了巴黎和会，目睹了英、美、法等所谓战胜国互相争权夺利的场景。而在其看来，日本人提出的"人种平等"提案无疑是非常合理的，被采纳也应当是情理之中的事儿，结果却令他失望了……对未来种族间冲突的预期进一步刺激了他对岛国"实力"增长的渴望。继而，他宣称，面积狭小、人口密度过大的岛国应该向外扩张。

不过失望归失望，年轻的公爵会后还在欧洲旅游了一阵子（看来也没有那么失望），本来就对贵族生活感到别扭的他，看到了西欧战后那种自由惬意的社会景象，估计心里还是挺羡慕的，毕竟公爵也是人嘛！皇室的那套繁文缛节他从小到大也没少受。据说日后的文麿也与华族的形象格格不入，在家庭里，他没有传统家长的那种威严，经常与孩子们（包括情妇所生的）一同嬉戏打闹，倒更有那种美国家庭里父亲的感觉。此外，文麿也几乎没有什么崇拜的偶像，岛国苦心经营的那几位"军神"也入不了这位高傲公爵的法眼。不过对于岛国，文麿却并不希望它像自己的私生活那般"自由"，相反，在他看来，极权国家才更有利于日本的发展。这或许也是丘吉尔（1874—1965）称其是岛国马基雅维利（1469—1527）的主要原因之一。

之后的"九一八事变"，文麿对日本军人的独断做法赞赏有加，他为鲁莽的军人辩护，并声称这是岛国的必经之路。原本文麿在1936年就有机会坐上相位，但在当时他以身体欠佳为由拒绝了。一年后，这位公爵还是"众望所归"成为日本新一届的首相。毕竟以他的身份，调和一些长久以来岛国统治阶级内部的矛盾似乎看上去不会那么吃力，并且，公爵满口的"国际正义"和"民族权利"也显得那么"正合时宜"。不知是不是那群原本就蠢蠢欲动的军人觉得自己终于找到了知己,文麿上任还不到两个月,"七七事变"(日本一般称"支那事变")爆发了。

武装侵略

"七七事变"起因据说是岛国一名士兵在北京的卢沟桥下撒了泡尿以后,失踪了(估计是跑到外面瞎溜达去了)。继而,蠢蠢欲动的岛国军官就以此为借口要搜查该片区域,可是,曾经的皇城根下哪是那么随便的地方啊!总之,一来二去,日本人又动武了……

公爵对于这起所谓的"突发"事件,看起来似乎也有些为难,不过不宣而战对于日本人来说倒也不是什么新鲜事儿。"满洲事变"策划者石原莞尔此时已升任岛国陆军参谋本部长,并且自打"满洲事变"的阴谋得逞以后,这位聪明的军官就有了收手的意思,毕竟自己也加官晋爵了,再乱搞下去除了自身利益难保之外,可能整个国家都会跟着完蛋,所以在他和同盟小伙伴的努力之下,文麿内阁也确定了不扩大事态的处理方针。然而,没过两天,当局政府又决定向华北输送更多的兵力，公爵首相还亲自表示了要给吾国点颜色瞧瞧。更耐人寻味的是，此时，岛国的另一位高级官员正在北京与中方签订停战协议。如此看来，彼时的岛国还远没有达到所谓"举国一致"的状态，不过"举国一致"却是文麿首相努力的方向……

于是乎，"国民精神总动员""尽忠报国""征服世界"一类的口号响彻岛国上空，整个国民经济开始转向为战争服务，"一战"时期那种罪恶的"总力战"（全民被卷入战争）戏码又在岛国上演了。随着日本军人在战场上的"建功立业"，部队人士气焰越发嚣张，公爵首相也尝到了自己亲手参与种下的恶果，不时向发小——裕仁天皇嘲讽自己被架空的尴尬处境。事实证明，即便文麿在军中有着深厚的根基，但他在管束那帮军人方面依旧显得力不从心，有时甚至根本无能为力。

1937年7月底，北京、天津沦陷，日军借势继续南下，甚至一度扬言要在三个月内灭亡中国。8月，淞沪会战爆发，这是中日战争史上最为惨烈的一场战役，双方有近100万人参与战斗，死伤惨重，其中还包括无数无辜的平民百姓，狂轰滥炸后的上海血流成河，尸横遍野，最终沦陷。不过具有讽刺意味的是，这一战日本人就足足打了三个月……

11月，更多的日军登陆杭州湾。江南地区的某些平民起初被告知日本人不会伤及无辜，所以无须逃跑。其中有一位12岁的小姑娘趴在窗边看着整齐的日本军队从窗前经过，正看得入迷，自家房门就已被强行推开，冲进来的日本兵抢走了家中几乎所有的东西，包括那几只活蹦乱跳的鸡和鸭，估计是长期行军，饥饿所致，他们甚至就地取材生火，做起了烤鸡、烤鸭……

见势不对，小姑娘背着妹妹，拖上弟弟躲了起来，并准备于夜间逃往深山。此时，饭盒里原本香喷喷的米饭已经被另一位日本兵动了手脚，拉了一坨屎在里面，放着干净整齐衣物的木箱里也同样闻到了屎的臭味。更令她感到害怕的是，不知什么时候，家门口多出了一具无头男尸。小姑娘的母亲早在几天前就已经被日本人拉去干活了，据说是洗衣服之类的，而她的一位得了黄疸肝炎的女同学则被日本人拖去实施强奸，最后惨死。此外，她还目睹了如下一幕：躲在一边的一位吾国青年被日本兵发现，于是日本兵顺手将自己抽剩下的香烟头扔进了他的衣服里，并不准其动弹，估计是这位男青年的"英勇"表现让日本兵颇感满意，才最终免于一死。

传闻，此时的日本兵里面还掺杂有不少朝鲜人，毕竟当时名义上日韩已经是一家了嘛！并且，来自朝鲜的"日本人"想的歪点子，干的坏事据说也丝毫不亚于本土日本人，甚至是有过之而无不及……

南京！

1937年12月，距离全面侵华战争爆发不到半年时间，日军攻下了当时国民政府的首都——南京。这一消息瞬间传遍数千公里外的岛国本土，日本人又一次收获了意外的"惊喜"。

在之后的六周时间里，南京这座城市堪称"人间地狱"，里面所发生的一切已无法用任何语言文字描述清楚，因为用任何的语言来形容当时南京的惨状都显得那么苍白无力。但即便如此，它依然需要被记录。即使黑格尔说过："人类从历史中得到的唯一教训就是，人类不会从历史中得到任何教训。"这段不堪的历史记忆也仍应该被全人类所铭记!

这是一场赤裸裸的大屠杀……

日本军人在这座有着"六朝古都"之称的城市里为所欲为,不受任何约束。不计其数的女性惨遭强暴,她们中有的甚至还不到十岁。男人则不知道被当成了什么,他们大多被捆绑,伴随着日军机关枪扫射的声音,跌入长江或是土坑,尸骨遍地。日军这么干,很多时候仅仅是图个开心,或是练习练习自己的枪法。酷爱摄影的日本人此时却没有留下什么珍贵的相片,但就当时在华洋人所拍摄的为数不多的影像资料来看,已经足以让我们毛骨悚然,或是产生一种根本说不出什么感觉的恶心。

此外,或许是日军将领们意识到,手下士兵大规模的奸淫暴行会换来中国人更为顽强的抵抗,于是他们决定像模像样地弄几处场地,将生不如死的姑娘们集中起来为日本兵提供性服务,臭名昭著的"慰安所"随即诞生。

面子上都感到挂不住的岛国外交官们寄希望于东京高层出面进行干预,毕竟作为当时国民政府首都的南京城里住的不都是中国人,要是引发了国际舆论的广泛关注,那对犯下弥天大罪的日本来说将是一件极为麻烦的事情。别的不说，光是战争物资的供应就很有可能被切断，何况曾经的他们还那般在意自己的国际形象。但结果却令人失望，呈递上去的相关资料没有得到任何回复。南京城里那声嘶力竭的惨叫声仍旧不绝于耳。

在关注那令人发指的受害者人数的同时，不禁想问，为何如今看上去彬彬有礼的日本人在当时会犯下如此残暴的罪行，并且对象还是一群无辜的黎民百姓？是岛国人的某些病态文化在作怪？还是为了让国民政府感到惶恐而投降？又或者仅仅是在发泄情绪？当然，其中的原因应该还包括整个战争期间日本那套有着严重缺陷的指挥系统，连那条所谓"不留俘虏"的军规都必定对屠杀行为起到了推波助澜的作用。岛国自明治时代以来，甚至是江户末期就开始塑造的劣等中国人形象也为日本兵提供了屠杀的理由，他们认为自己高人一等。何况，此时在他们的脑子里还夹杂有那套恐怖的德国种族理论。另外，我们也不能忽略这群长久以来被洗脑的日本军人之信仰。他们笃信岛国的"上帝"——天皇，这使得他们认为自己是在奉旨做事，有了信仰的慰藉，任何人性所无法容忍的残暴行为都成了光荣而崇高的事业。甚至有的日本军人认为自己对待战俘越是残暴，就越能向天皇表示自己的忠心。

而此时日本列岛的绝大多数人则对南京发生的一切全然不知，甚至日军将领们还因为"卓越的战绩"受到了当局的表彰。

耐人寻味的是，时任华中方面军总司令的松井石根（1878—1948）在这起大屠杀之后的第二年，回自己老家热海建造了一座面向南京方向的观音院……尽管最终他依旧在东京巢鸭监狱被执行绞刑，而他那帮残暴的手下却得以幸免。

然而，日本人犯下的这一滔天罪行将永远被钉在世界历史的耻辱柱上乃是不争的事实，即便他们的教科书上只是写着："1937年12月，日军攻占南京。"

历史记忆

时至今日，南京大屠杀已经成为战争罪行的代名词，就像广岛的原子弹爆炸那样。只是，绝大多数岛国人仅知道自己是原子弹的受害者……即便如此,某些日本人仍旧不舒服,他们希望让南京大屠杀彻底失语,虽然他们的诡辩有时显得那么滑稽可笑。

比如有人就曾表示,无辜的平民在战争中死亡纯属意外,虽然日本兵残暴,但那都是所谓"战争心理"所致,并且,这起屠杀没有周密的计划,不像广岛,是一场基于理性的杀戮。

更有甚者,如那位东京原市长石原慎太郎(1932—)则直接否定大屠杀事实,说那是中国人捏造的,玷污了日本的形象。对了,石原还曾与别人合作出版过一本书,名叫《日本可以说不》……

不过好在他们当中几乎没有哪位是专业的历史学者,其言论也不被主流学界所认可,岛国也确实还存在不少真正意义上的和平主义者。但遗憾的是,像石原那样的人能经常上上电视、做做节目啥的,对岛国社会舆论的影响力亦不容小觑。

此外,即便是某些具有进步思想的学者也会在有意无意间为日军的侵略行为辩护。曾经有一位知名的岛国历史学家便是如此,他虽然不否认日本人在南京犯下的滔天罪行，但却倾向于认为这是日本人对前一场战役——淞沪会战中中国人奋力抵抗的报复。并且，他也在所谓的"人性"上做文章，说人一旦上了战场，威胁到了自己的性命，那么此时，虽然犯下了弥天大罪，但就人的心理上来说，却可能是无法避免的。此外，那些在战场外谋划杀戮的所谓"理性暴行"也同样会时常被拿来作比较，比如美国人投原子弹这件事。

而另一方面，对于那些退伍的日本老兵，他们战后则多数不愿谈及战争，显然，这与受害者不愿再谈战争是两码事，但或许又有一丝共通的地方，总之，很难用言语来表述其中的关联。那位让他们又爱又恨的天皇陛下依旧存在，或许也是他们选择沉默的原因之一吧。不过，事情总有例外，比如那位曾经的日本帝国陆军老兵东史郎（1912—2006）。

这位 1937 年冬天曾经到过南京的日本军人留下了一本珍贵的日记，尽管他记日记的最初目的或许仅仅是想告诉自己未来的子女，"普通人也能变得极为凶残"这件事。不过，他的五个子女对此类事情好像完全提不起兴趣，这可能也是这份有点类似于"战争笔记"的东西能在碗柜里封存几十年的原因。当它再次重见天日已经是1987年的事了，此时的那位岛国"上帝"——裕仁也已经走到了他生命的尽头。

实际上，东史郎并非反战主义者。比如对于强暴女性，他会说，人都有性欲，施暴之后杀掉她们则是因为强奸违反军纪，因此证据需要被销毁。而对于滥杀无辜，他的解释是，这样做可以防止他们溜出去打报告，暴露日军的行踪，从而导致岛国军人晚上没法睡个安稳觉。所以，他选择"站出来"的原因或许仅仅是想将自己曾经在中国的所见所闻讲述出来，并且，这对于古稀之年的老兵来说，应该也算得上是"如释重负"了。而他的那本日记则很容易让人联想到岛国"私小说"一类的东西，只是东史郎的"私小说"更具震撼力。

至于那位曾经让他顶礼膜拜的人物则已经成了其口中的胆小鬼，并且还是最大的胆小鬼。东史郎认为，天皇不但逃避了罪责，甚至欠所有为了他而战死的同胞一句起码的道歉。但很显然，裕仁的道歉将永远无法实现，哪怕只是一句。

此外，虽然东史郎口口声声说大开杀戒是因为中国人反抗，所以他们不得不那样做，并声称自己与战友们都不曾对屠杀中国人感到愧疚。不过，每当夜深人静的时候，他内心是否也还是这么想，恐怕就说不准了，毕竟面子对于这位老兵来说也很重要。何况，日本军人终究也是人，正如他的某位战友去世前会害怕下地狱那样。

斗志

让我们将目光转回到 20 世纪前半叶。不得不说，此时的日本人（或许更确切的可以说是关东军）精力也真是够旺盛的，这边在中国干着野蛮的入侵，那边还想着与苏联干架。起因据说是伪满洲国与苏联在"国界边境"爆发了冲突。不过裕仁天皇却好像不太愿意与苏联开干（估计与那场日俄战争给他造成的心理阴影有关）。就在大家犹豫不决之时，岛国常见的一幕又出现了：军队接管了一切。

1938 年的夏天，日本与苏联干了一架，虽然岛国人民没有苏联人那些先进的装备，但他们却自信于拥有无穷的斗志。结果，日本人损失惨重，连裕仁天皇都坐不住了，但日军将领却不为所动，或许他们认为精神能够战胜一切吧。最终，日本兵被大规模屠杀，尸横遍野，而日军将领则"不负众望"，再次获得嘉奖。不过，这场军事冲突估计又给裕仁天皇造成了不小的心灵创伤，或许他一辈子都不会再想见到俄国人了。

而在另一边的中国战场上，日本人则继续进行着他们的暴行，比如日军从1938年2月开始，对中华民国的战时首都重庆进行了长达5年的战略轰炸，平民死伤不计其数。但那号称要几个月内就灭亡中国的狂妄言论似乎不见了。伴随着持久战，日本人也没有了起初的昂扬斗志，尽管岛国的电影依旧在歌颂军人们的"不畏艰险"和"丰功伟绩"，当然，有时也会讴歌他们那具有"无私奉献"精神的家人们。

但是，天皇与他的子民马上又将兴奋起来。1941年冬，太平洋战争爆发，迄今为止绝大多数日本人口中的那场战争终于来临了。

12月7日凌晨，岛国联合舰队偷袭了美国的太平洋海军舰队基地——珍珠港。日本帝国海军对珍珠港进行了两波火力极猛的攻击，并在90分钟内就结束了这场军事行动，在轰炸机和鱼雷的肆虐之下，美利坚的太平洋舰队损失惨重。2001年在吾国上映的好莱坞大片《珍珍港》和2013年在岛国上映的《永远的零》（"零"指代当时日军的空中利器：零式战斗机）都在一定程度上重现了这场战争的部分真实场景。

彼时，据说伴随着代表偷袭成功的暗号"虎！虎！虎！"传回东京大本营，岛国高层欣喜若狂，日本的多数群众也是民族自豪感爆棚，有的人如释重负，有的人则喜极而泣，他们百余年来对西方的怨气似乎都随着鱼雷的爆破和俯冲轰炸机的狂啸而瞬间消散。日本人真的是过了把瘾。

而此时，另一头的希特勒（1889—1945）估计已经潸然泪下，但他绝不是喜极而泣，因为希特勒最担心的事情发生了，日本成功地激怒了一头可怕的公牛，原本实力爆棚的"吃瓜群众"——美国随即正式宣布参战，那个总是叽叽喳喳争论个不停的美利坚国会，竟然几乎以全票通过了对日宣战这一重大决策，而作为岛国盟友的纳粹德国也不得不同美国宣战。从战略层面来说，日本确实给德国造成了极大的麻烦，希特勒也非常清楚，美国的参战对他来说意味着什么。也难怪会有传言说,当得知日本偷袭珍珠港后,希特勒破口大骂,日本人就是一头猪。

此后,凭借着日本人,特别是日本帝国海军那惊人的"斗志"(当时的军力也确实挺强),太平洋上的岛国新加坡、印度尼西亚、菲律宾也都成了他们的囊中之物。目睹这一切的日本人或许会真的以为"亚洲解放"的重任落在了他们头上。何况,这种建立在殖民侵略之上的亚洲秩序还有一个堂而皇之的名称——"大东亚共荣圈"。

不安

在此处,似乎有必要对上文中出现的《永远的零》进行一次回顾,理由不仅仅是因为它的主演在2020年突然自杀身亡,也因为这部电影在一定程度上反映了日本社会近些年来的一些倾向。

《永远的零》改编自百田尚树(1956—)的同名小说,该片在2013年底的日本着实火了一把,不少岛国人在电影院泣不成声。2015年,《永远的零》获得了素有日本电影奥斯卡奖之称的日本电影学院奖包括最佳影片在内的八大奖项,百田尚树的书也跟着持续热卖。

电影主要讲述了一位现代日本青年希望了解自己祖父的生平经历,于是,他开始逐一探访祖父生前战友的故事。全片以回忆的方式展开,重点渲染了太平洋战争期间日本神风特攻队员的"光辉形象",而这样的主题显然有悖于战后一直以来日本社会的主流思想之一——和平。

事实上,在百田完成这部小说之后,日本几乎没有什么正规的出版社愿意出版它,在经历了战后一系列的民主改造之后,这类题材的小说已经逐渐失去了市场。不过,作者本人倒并不气馁,该书最终还是与读者见面了。然而,令人意想不到的是,这部小说在问世以后,竟然获得了不少好评。于是,在2009年,日本的一家大型出版社"讲谈社"决定推出该书的文库本①,至此,这部充斥着军国主义思想的小说开始走红。

在出版社的运作之下,加上电影的热播,到了2015年,《永远的零》累积销量超500万册,成了一部不折不扣的超

---

① 文库本图书最早是1927年由岩波书店推出的,所选内容起初多是名著,由于其售价相对低廉,且便于携带,文库本深受日本民众欢迎。

级畅销书。据说日本前首相安倍晋三读了它以后也颇受感动，不知是不是让这位首相想起了自己的外公岸信介。总之，安倍是感动了，他还专门与百田尚树进行了一次对谈，就连对谈的内容也集结成册出版问世。后来，百田尚树还当上了公共媒体机构NHK的经营委员，他竟公然宣称南京大屠杀并不存在，实在是令人唏嘘。不得不说，《永远的零》从无人问津到大红大紫，不禁让人对当今日本社会的整体政治面貌感到不安。

最后就是，电影里那位现代日本青年的扮演者三浦春马于2020年7月18日自杀身亡，年仅30岁……

回归

言归正传。事实上，自明治以来，日本的西化风潮便从未停止，西方的音乐、电影与书籍是岛国人民热衷谈论的对象，甚至延续至今。但是，太平洋战争爆发之后的那几年却是个例外，因为既然都与西方宣战了，还在那边一个劲地模仿和崇拜，显然不合时宜，但其中并不包括德国和意大利，岛国人民被告知他们的敌人是以丘吉尔和罗斯福（1882—1945）为首的"英美鬼畜"。不知此时此刻，曾经受到过英国王室热情接待的裕仁会作何感想。但是，政治军事上的对立依然阻挡不了美国棒球运动在日本的大行其道，尽管有人曾想用纯正的日语词汇来代替那让人感到别扭的外来棒球术语。

1940年，伴随着《德意日三国同盟条约》的签署，以柏林、罗马和东京为指挥中心的军事集团成立了。此时的文麿首相还别出心裁弄出了一个"大政翼赞会"来为战争摇旗呐喊，号召全体岛国百姓牺牲自我，为日本帝国这个大家庭而奋斗。这个类似于政党的组织一成立，其他的政党立马成为鸡肋（虽然之前也没起多大作用）。此后，"大政翼赞会"为岛国政府输送了不少战争狂魔，可谓为日本的一路狂奔、直至最后的死灭立下了汗马功劳。另外，大日本产业报国会、大日本妇人会、大日本青少年会也是这一时期的产物。至于裕仁天皇，他还是那个无所不能的岛国"上帝"，只是这一时期，官方对天皇崇拜的推行更为强硬，岛国人民只要一听到他的大名，都不敢不立正站好。

但总而言之，那个怪诞的日本回来了，他回到了"亚洲"母亲的怀抱,从思想到行动,日本的回归可以说是全方位的。岛国人不但要通过所谓的"圣战"将洋人赶出亚洲,他们还要全面阻止洋人思想在亚洲大陆的传播。

超越西方

岛国的知识分子不失时机地举办座谈会,大谈"近代的超克"问题。在太平洋战争爆发后不久的1942年7月23日,十三位日本知识分子被组织起来召开了一次为期两天的超级跨学科研讨会。由于历史时期的特殊性,此次会议亦成了日本思想史上的一个大事件。参会者中有历史学家、哲学家、科学家、文艺批评家、神学家,乃至诗人。由于这群人对当时岛国言论界有着不小的影响力,所以会议名称"近代的超克"也成为那个年代岛国知识分子们热衷谈论的话题。

让我们来看看他们的会议发言题目:《现代日本人的可能性》《我们当中的西洋》《明治文明开化的本质》《我们的近代》《科学与神的关联》《文艺复兴的近代含义》《历史、

变迁和现代主义》……内容涵括了科学、宗教、历史等人类所能涉及的几乎所有领域,不得不说,这样的架势也对得起那个拗口的会议名称——"近代的超克"。

所谓"近代的超克",说得通俗一点,就是要克服、超越西方,因为以工商业文明为标志的"近代"系统即源自西方,大家近乎都被卷入其中,虽然有的人意识到了这一点,但更多的人则是随波逐流。当然,就像前面所说,岛国人主要想"超克"的是英美主导的那一套资本主义社会体制与政治理念,甚至也包括苏联的社会主义经济形态和革命理想,继而实现以日本为"盟主"的亚洲新秩序。显然,这样的"妄想"里面,杂糅了曾经水户藩"叛逆"者的国粹思想以及源于西方的法西斯主义。所以,说实在的,日本仍旧在模仿……比如,参会的文艺评论家龟井胜一郎(1907—1966)说:"现在我们正在进行的战争,对外目的是粉碎英美势力,对内则是根治近代文明所带来的精神疾患。……我国的古典精神是治疗文明之毒的灵丹妙药。"用回归古典的方式来逃避、批评、对抗当下,在东亚的历史世界里实在不是什么新鲜招数,岛国在明治维新时期就没少用。反倒是下村寅太郎(1902—1995)的发言颇有几分深意，他说："近代就是我们自身，近代的超克就是我们自身的超克。如果把它当作对别人的批判，那就只能说是想法过于简单了。"我们能从其发言中体会到他对日本未来的某种不安情绪，又或许，下村已经看清了一件事，即自己的祖国正走在一条自我毁灭的道路之上。

此外，几乎在同一时期，四位来自京都帝国大学的哲学家受帝国海军的委托也开始举办座谈会。西谷启治（1900—1990）、高板正显（1900—1969）、高山岩男（1905—1993）、铃木成高（1907—1988）四人试图从精神、学理层面讨论时代浪潮中日本的自我认知问题。首次会议时间为1941年11月26日，十三天后岛国就与美国开战，类似的会议于次年3月与11月又举办了两次，其主题依次是"世界史的立场与日本""东亚共荣圈的伦理性与历史性""总力战①的哲学"。不难看出，此时的岛国也深谙"师出有名"这一道理。

事实上，这群哲学家的祖师爷西田几多郎早就对此类问题进行了论述，并且还不止一次。1933年，西田就

---

① 自第一次世界大战以来产生的现象，即全民被卷入战争。

说:"现在的日本必须展现日本作为世界的日本所具有的东西……我认为东洋文化的根底里有着能够对抗西洋文化的深刻东西。今天的西洋文化源于希腊文明与犹太文明这两大思潮。我们必须进一步加上东洋文化,从而为世界做出贡献。"1937 年,西田也说过类似的话:"明治以来,我们通过学习西洋文化,在东洋取得了伟大的成就。我们今后也有很多需要学习的地方,因此必须一直坚持吸收世界文化,来发展自己。但我们也不能只是一味吸收、消化西洋的文化,我们必须以数千年来培育我们的东洋文化为背景,创造新的世界文化。"如若脱离那危险的国粹主义、殖民侵略,西田的言论或许会在亚洲范围内引发更多人的共鸣,但因其特殊的历史背景,这类对世界既成秩序发出挑战的话语则需要被后人所警戒,即便我们不能简单将其归结为是为岛国发动一系列侵略战争的摇旗呐喊。

1941 年座谈会上西谷启治的发言内容几乎与他的祖师爷如出一辙:"长久以来,人们所说的'世界'就是欧洲的世界……'世界'在其自身的纯粹中立性上并未显露出来。世界之所以如今得到显露,正是因为日本成了强国,欧洲的世界被打破,也就是说世界与欧洲的重合状态得到了分离。在这个意义上，世界显示出本来的世界性，可以说是极其晚近的现象。而且，对这种世界的自觉意识，与任何地方相比，可以说只有在日本才得到了酝酿。相反，欧美在看待世界时，依旧没能充分脱离视角上的偏倚。"饶舌的话语中充斥着民族自豪感，或许此时此刻的岛国哲学家们真的愿意去相信祖国能够拯救世界，即便他们非常清楚自己只是观念的生产者、思想的创造者，世界秩序能否被超克并不是他们所能掌控的……

最终的结果是，日本宣布无条件投降，"超克"一类的学界活动因为与军国主义意识形态相关而被战后的岛国人民所回避，甚至成了一种禁忌，京都的那帮学者也随即转入了对纯粹东洋哲学与宗教的研究。

然而，如果抛开战争侵略，细细想来，作为纯粹思想活动的"超克西方"似乎也不无道理，时至今日，它则更具现实意义。工商业文明给人类带来生活便利的同时，也给世界带来了深重的灾难。民族压迫、环境污染、世界大战、核威胁、种族歧视、经济掠夺等等一系列重大问题都与所谓的"近代"息息相关。换言之，"近代"要为混乱的现实世界秩序负责，"近代"需要被超克。

实际上，就欧洲自身而言，他们也在不断表达着自己对现代文明的危机意识，甚至早在百年前欧洲的知识分子们就在广泛讨论"欧洲精神的危机""西方的没落"。而对于亚洲，我们只能说，这里充满了"西方"，而西方的世界里则基本没有"亚洲"，在这层意义上，亚洲或许真的是一体的。

延续

战后，"近代的超克"话语本身虽然令人反感，甚至成为一种禁忌，但它作为一种纯粹的思想，一项全人类未完成的任务，注定无法，也不会退出历史舞台。

比如1949年中华人民共和国的成立，就让日本左翼知识分子着实兴奋了一回，因为在他们看来，新中国的成立是岛国"超克"事业的一种延续。正如思想家竹内好（1908—1977）所言："中国革命包含了挫折与成功，破坏与建设的全过程，可以视为是对欧洲文明的挑战。……假如说日本的近代史是没有抵抗而脱离亚洲的历史，中国的近代史则是通过抵抗实现了亚洲化。"显然，竹内看到的是希望。此外，20世纪80年代后期东京大学教授沟口雄三（1932—2010）提出的"作为方法的中国"，以及他的那位老同学，曾经的大阪大学教授子安宣邦（1933—）的"作为方法的江户"，实际上也都是对"超克"问题意识的某种延续。换言之，他们对"亚洲"充满热情，并寄予希望。

然而，"超克"论在战后的另一种延续则很容易将岛国人民带偏。比如那位起初信奉共产主义，随后转投右翼阵营的林房雄（1903—1975），他的言论就需要世人引起足够的警惕。

林房雄从1963年开始在杂志《中央公论》上发表自己对近代日本的一系列看法，并最终出版了一本名为《大东亚战争肯定论》的著作。书中有这么一个观点，即认为日本是受害者，正是西方的入侵最终导致这个国家走上了一条不归路，而"大东亚战争"本质上是一场殖民地解放战争，至此，日军的野蛮行径被否定。换言之，"超克"遮蔽，甚至美化了侵略。这类观点在战后被称作"修正主义历史观"，它与由美国主导的东京审判所确立的"太平洋战争史观"针锋相对，后者着重强调1931年以来日本的对外侵略，这也正是前者想要遮蔽的内容。

实际上，林房雄的观点也不是什么新鲜玩意儿，它与20世纪三四十年代岛国的政治宣传异曲同工。并且，就是在战后的审判当中，也能听到类似的陈述，说佩里和他的那几艘黑船才是战争的元凶，曾经与世无争的日本人是被佩里硬生生拉上了世界的舞台，继而被迫参与世界的秩序，并最终走向战争。至今，岛国的出版市场上也仍能见到持此类观点的著作。

抉择

精神层面的东西终究无法与现实画上等号，知识分子们建构的任何话语体系都无法给每一位战争亲历者及后人以真正合理的事件解释，即便它具有某些意义。客观地说，思想虽然会对现实产生作用，但它终究无法决定现实，并且恰好相反，多数情况下，现实裁决了思想，战时的"超克"论即因为与日本帝国的扩张行径相重合而最终陨灭，虽然战后有着某些延续，但它已注定无法再掀起任何具有威力的浪潮，不论其出发点是善，还是恶。

让我们将视线移回20世纪40年代的现实世界当中，时任日本帝国海军司令的山本五十六（1884—1943）就曾表示，如果与美国开战，日本撑不了一年的时间。山本与那些整天口头挂着民族大义，只会喊打喊杀的军官不同，他是一位不折不扣的军事天才。并且，他还有过日俄战争的实战经历，为此，山本留下了终身残疾——被炸掉了两根手指。

暂且撇开那些严肃的战争话题，不禁想说，山本的名字与绰号都挺有意思。首先，大家可不能用日本人"太郎、二郎、三郎……"那种惯用的取名方式来推理"五十六"这个名字，如果真是那样，那他的父母估计能获得吉尼斯纪录的生娃大奖。而实际情况是，山本君出生时，父亲恰巧56岁，所以取名"五十六"。此外，山本还有一个尽人皆知的绰号——"八毛钱"，其由来据说是因为当时岛国艺伎给客人修剪指甲是要收费的，一个一毛，刚好一元，而山本则只需要支付八毛，所以，"八毛钱"的绰号早期是在艺伎当中被叫开的，事后传到帝国海军那边，据说还成了一则趣谈。可见，日理万机的帝国海军司令没少去烟花柳巷，至于是个人癖好，还是工作压力大需要减压我们就不得而知了，当然，也可能兼而有之吧。

言归正传，山本在美国待过好些年，日美间的实力差距他非常清楚，所以由其带领的岛国海军，行事一直都比较谨慎，生怕与美国发生实质性的冲突。实际上，"二战"中，美利坚也将山本视为心头之患，一心想要干掉他，最终山本也确实死在了美国人手里，虽然美国人在真正开始行动之前也曾有过一丝犹豫，毕竟人家是帝国日本领袖级别的人物嘛。

然而，吊诡的是，思路清晰的山本竟然亲自参与谋划偷袭珍珠港，并使之成为现实。不禁要问，山本为何会同意去与美利坚对抗呢？各种有关军事阴谋的论调不在我们的论述范围之内。不过，就当时实际情况而言，美国于太平洋战争的前一年就停止了向日本出售战略物资，此举让原本就资源匮乏的岛国无力维系他们在中国的军队，那么，眼下日本只能选择从中国撤军或是进攻东南亚（掠夺当地资源）。结果，日本选择继续南下作战。在以美国为首的几个国家对日本实行了石油封锁之后，日本急得像热锅上的蚂蚁，毕竟帝国海军每天消耗的石油就达到了数百吨之巨，于是，海军大领导永野修身（1880—1947）提议攻击美利坚。事实上，在美国对日本实施石油禁运的前一天，永野就与天皇说过，如果失去石油供应，以目前的情形，日本只能维持两年，如果打起来，一年半就会将储备石油全部耗尽，所以倒不如趁此机会动手。次日，美国全面对日本实行石油禁运，永野战意已决。

永野的想法显然有些前卫，彼时岛国的其他领导估计没人真愿意与美利坚开干。山本就对永野直言不讳，如果开战，日本必败无疑。所以当时的日本，还是进行了一番外交斡旋的，他们向美国表态，只要解除经济制裁，一切有话好说（当然前提是得满足日本的某些要求）。但岛国自始至终都没有得到来自华盛顿方面的积极回应。于是，到了当年10月份，日本高层进行了一次秘密会晤。据东京审判时期某位参会要员的回忆，此次会议后，日本的大致情况已经比较清楚了，海军虽然认为同美国开战毫无胜算，但他们不愿公开表态，陆军则极力反对从中国撤军，而首相则和他的前任们一样，无力约束海军或者陆军中的任意一方。

这么看来，同美利坚开战显然无法避免。岛国政治思想史这门学问的开山祖师爷丸山真男将这种现象导致的后果解释为是整个战时日本自上而下不负责任的结果。至于天皇，在他看来则像是一尊神轿，人们抬着他，大家迷惘，他也跟着迷惘。

不过，还是那句话，知识分子们建构的任何话语体系都无法给出每一位战争亲历者及后人以真正合理的事件解释。换言之，面面俱到的历史事件解释几乎是不可能的，更何况记录历史的基本载体——语言，它本身就具有局限性。当然，"自上而下不负责任"这样的表述确有一定的道理。

那么除此之外，我们也不应忽略日本社会那种看不见摸不着，却支配着大家言行的"空气"——姑且可以勉强将其解释为社会氛围。读懂这种所谓"空气"是日本人的一项必备技能，即便是在今天的日本社会也丝毫没有改变。而这样的空气往往容易让人失去理智。假如在战时，你读不懂"空气"，那么"胆小鬼""叛徒"一类的帽子就会扣在你的头上，甚至你也可能因此而沦为阶下囚。山本五十六的疯狂举动就极有可能是在这样的"空气"当中酝酿的。

所以，日本人还是与美利坚干上了，并且还是主动出击……

疯狂

差点忘了东条英机（1884—1948）这位法西斯头目。当时，只要是个明眼人都能看出岛国情势不妙，比如那位文麿首相就立马辞职不干了，毕竟见过无数大场面的公爵还是拎得清自己祖国实力的，当然，他也干不下去了。或许也可以这么说，此时，疯狂的日本已经不再需要这位不够疯狂的公爵了，毕竟他们还有一位更为疯狂的领导——东条英机。东条的那一句"有时候我们也要做点非凡的事情，像从清水寺的平台上往下跳一样，两眼一闭就行了"，显然也更符合彼时帝国日本的精神状态。

事实上，东条英机并不像与自己同岁的山本五十六那样，有着杰出的军事才能，在山本已经成为帝国海军的高级将领时，东条才艰难混到了一个小队长，时年45岁。但是造化弄人，之后，他凭借着那颗敢打敢杀、忠君爱国的心，竟然最终爬上了帝国日本的相位。不过此时，估计也只有东条这样不计后果、赤胆忠心的人才坐得住这个位置吧。

据说，东条上任后做的第一件事就是将那位娃娃脸石原发配去学校教书，因为相对理性的石原希望日本能够收手。这也直接导致了石原莞尔错过了太平洋战争，免于成为战犯。不过石原本人好像对自己不能成为战犯满不服气，甚至还找了相关人员理论，这就有点变态的意思了。不过他找相关人员理论的话倒是挺耐人寻味："我要是参谋总长，日本就不会战败，也轮不到你们今天这般耀武扬威。"所以，东条在东京审判法庭上那句"荡气回肠"的话："如果说我有罪，那么整个日本民族都有罪。"好像也并非无稽之谈。至于东条，或许他更应该这么说："如果整个日本民族都有罪，那么我更有罪。"

事实上，东条内阁成立于1941年11月18日，此时距离偷袭珍珠港不到一个月的时间，换言之，偷袭行动早已策划完毕。帝国海军的轰炸机已经不知道在鹿儿岛的上空集结演练了多少回，但山本五十六依旧忧心忡忡，因为他非常清楚这场偷袭对日本意味着什么。不过，聪明的山本最终做此决定，究其原因，应该与当时整个日本列岛已经陷入了疯狂的战争状态不无关系，这种状态或许也称得上是一种"集体无意识"吧——你疯，我也疯。与之相呼应的则是岛国人民那无穷的斗志——"大和精神"所点燃的斗志。并且，那场堪称世界史上最残酷战事之一——日俄战争的胜利，也让岛国人民觉得没有什么是不可能的，或许山本有时候也会天真地认为一次大规模的偷袭行动同样会让美国人服软，继而与当年的俄国人一样，与自己签订一份合同，哪怕只是重新回到谈判桌前。

末路

最终，美利坚没有留给日本人任何机会。

且不说彼时岛国以东条为首的战争狂魔们的军事才能，光从硬件方面来讲，美国生产飞机、大炮、军舰的能力远非日本能及，美利坚后方源源不断的战略物资供应，简直让日本人感到崩溃。反观岛国，光是在中国的驻军开支就已令其不堪重负，至于维系东南亚与太平洋上的领地则更是有心而无力。从最基本的食物，到石油、钢铁，日本可以说是啥都缺，当然，除了斗志以外。

实际上，从美利坚开始反击的那一刻起，帝国日本便趋于瓦解了。前些年侵占的大小岛屿接连沦陷，到了1944年，日本更是一口气失去了莱特岛、吕宋岛、关岛、塞班岛和硫黄岛等主要岛屿，美利坚的战略轰炸机则可以从这些地方起飞，轻而易举地将日本的任何一座城市夷为平地。

战争形势已经非常明朗了，岛国领导们也认清了以下的事实：光凭大和魂那样的斗志是无法赢得胜利的，但顽固分子依旧强调，大和魂不能灭，即便所有人都成为炮灰，日本也绝不能投降。于是，那种曾经武士阶层所遵循的怪诞生存法则竟然在岛国复苏了，普通日本兵一旦成为战俘，就会被要求自行了断。当然，其中相当一部分人，即便你不这么要求他，他也会这么做，毕竟此时，连岛国的学生们都会给前线的军人写信，告诉他们战死是多么光荣。黔驴技穷的日本人最后竟然创造了"人肉鱼雷"和"神风特攻队"一类的自杀式武器，此时此刻，他们几乎是用自己的肉体在对抗美利坚那强大的坚船利炮。不过，具有讽刺意味的是，这时候，日本人的这种"行为艺术"倒还真有点"近代超克"的意思。然而，这样的疯狂举动也是帝国日本覆灭前最后的嚎叫了。

至于普通百姓,他们有的自行引爆手榴弹,有的跳海自尽,有的则被当作人肉盾牌以抵挡美军那强大的火力,更有甚者被要求先将家人统统杀光后再自行了断。

1945年4月,美国人登陆冲绳,当地人不被允许投降,于是出现了大规模的集体自杀事件。当然,也有人是被岛国当局的宣传吓到的,比如,当局会说,日本一旦战败,妇女就会被外国军人奸淫,折磨致死……此外,日军非但没有保护当地百姓,甚至还干起了屠杀他们的活儿,屠杀的理由令人咂舌,比如他们只会讲当地方言,又或者是嫌他们太占地方,毕竟彼时能给日军躲避的地方也不多了。据说,在持续了近三个月的冲绳战役中,遇难的冲绳居民多数并非死于美军枪炮之下,而是被他们的日本同胞直接或者间接杀害的。这段沉痛的历史也成了之后冲绳人民心中难以消散的阴霾。另一方面,拥有绝对优势的美国人在这场战役中同样损失惨重,伤亡人数近8万,这或许也是他们决定使用原子弹的原因之一吧。当然,按照日本人的行事风格,他们自己的伤亡人数也绝不会在美利坚之下,并且只会更多。而此时,东京等地的本土居民也好不到哪里去,他们中的许多人都在一起起人为制造的灾祸当中成为炮灰……

"圣战"

事实上,自从这场号称"大东亚共荣"的"圣战"开始以来,岛国人民就吃尽了苦头。肺结核一类的传染病在岛国持续蔓延,死亡人数连年攀升。食品短缺已无须赘言,日本人最爱的大米早在开战前一年就已经实行了定量供应,换言之,你有钱也不一定能吃饱饭。大正年代的时尚着装早已不见踪迹,取而代之的是朴素且略显土气的本土服饰。孩子们则被教育要向军人哥哥那样勇于牺牲。并且,只要你的行为举止间有一丝崇洋媚外的气息,立马就能有人找上门来。国内民众怨声载道,但官方那套大和魂的宣传总是能压倒一切其他声音。

然而,"圣战"的对外宣传却依旧美好与友爱,日本也仍旧是宣传者口中那个和平世界的缔造者,天皇近乎救世主,东条英机更是声称,道德与正义将是新亚洲秩序的基石。

1943年11月,日本不失时机地在东京国会议事堂举办了一次"大东亚会议",在这出自导自演的滑稽戏上,参会人员郑重而庄严地宣示,东亚各国应该相互尊重、独立自主、紧密合作、共促繁荣……在此次活动的合影中,东条英机站在了最中间的位置。

而在亚洲地区,实际上的"圣战"场面又是怎样的呢?细菌部队的活体实验、南洋劳工的悲惨境遇、慰安女性的惨痛经历都是"圣战"的有机组成部分。不过,此时此刻,日本的精神文化却得到了最大程度的"弘扬",虽然这一过程近乎基于强迫。那个数千年来谦虚好学的日本不见了,取而代之的是那种好为人师的狂妄姿态。说得通俗一点,就是日本人要用大和的东西,帮助亚洲其他国家和地区取得进步。中国台湾地区、韩国的"同胞们"使用着日文,菲律宾、缅甸等东南亚国家的学生们则深深记住了日本有一种名叫"武士道"的精神,岛国的神社在帝国的领地上可谓遍地开花……

但是,总而言之,宣传口号中那个世界和平的缔造者与现实中的日本形象差距甚远,甚至根本就不是一回事。

覆灭

不过，令人略感欣慰的是，这一切都行将结束。早在1943年，作为轴心国之一的意大利就已经撑不住了，继而宣告投降。1945年5月8日，强悍的德国人也终于签署了无条件投降书，这一天，遂成为"欧洲胜利日"。

事实上，岛国本也可以在早些时候结束这场灾难，只是这一程序必须得到某个人的首肯，那人便是昭和天皇。可是，或许是因为美国的杜鲁门（1884—1972）总统在要求日本无条件投降时，并未对是否保留"天皇制"作相关承诺，于是，天皇和他那群"忠君爱国"的将领们仍有些不为所动。

而此时，历经空袭后的东京，大半已经沦为废墟。在迅速的视察过程当中，天皇惊悚地发现，原本岛国人民对他的那份敬畏竟然消失了，他所到之处只剩下一张张冷漠的脸孔，有的甚至还带着敌意。那位岛国的前任首相文麿则不失时机地告诫自己的发小，日本可能会爆发无产阶级革命，届时危险程度将不亚于盟军的胜利。

是年7月，美、英、苏三国首脑在柏林近郊的波茨坦举行会晤,这也是彼时三大国首脑在"二战"期间召开的最后且最长的一次会议,主要为商讨一系列欧洲的战后问题,当然,还有那远东的顽固分子——日本的相关问题。会议期间,杜鲁门怀揣着某种复杂的心态(估计炫耀会多一些)告诉斯大林,他手头已经拥有了某个神秘且杀伤力极大的新型武器。不过,基于苏联那强大的情报系统,斯大林应该早就知道了这个名叫"原子弹"的东西,但他还是笑呵呵地对其表示祝贺。月底,美、英、中三国联合发布《波茨坦公告》,敦促日本立即无条件投降。但日本高层依旧没有等到对他们有利的相关消息,虽然盟国方面已经表态会按照日本人民的意愿来建立新政府。于是,天皇和他的爱卿们仍旧没有接受投降,甚至还在为最后的大决战做着准备。即便此前日本人已经向斯大林示好,希望他能出面调解。而此时的首相铃木贯太郎(1868—1948)则与他的前辈们一样,无力掌控岛国的局势。

8月6日早晨8时许,三架B-29美军轰炸机从高空缓缓进入广岛上空,广岛市民们并不知道等待着他们的将是灭顶之灾,有的人还仰头看着那巨大的机体飞过天空。8点15分,其中一架飞机突然投下一枚重达5吨的巨型炸弹,广岛这座城市上空随即卷起一朵巨大的蘑菇状烟云，顷刻间，广岛市几乎被夷为平地，当日死亡人数便达到数万……8月8日，苏联对日宣战。8月9日，美国人又一次出动了B-29轰炸机，里面装载的巨型炸弹比前一颗结构更复杂，威力也更为巨大，日本小仓这个地方因为天气逃过一劫，随即，长崎化为灰烬……

在广岛遭受重创之后，日本仍未立即同意来自波茨坦最后通牒中的要求——无条件投降。此时的岛国高层竟然还竭力掩盖事实的真相，宣称是有一颗陨石落到了广岛，并且，他们天真地认为美国人手里也只有一枚类似的炸弹。尽管也有某位岛国高级官员认为，这是上苍赐给日本的"礼物"。

闭幕

不过，在长崎遭到灭顶之灾后，昭和天皇终于坐不住了。

虽然他依旧忧虑自己那神圣的皇权会不会就此旁落，

比如他会设想敌军从日本中部地区的伊势湾登陆后将发生的可怕场景，存放着皇家宝贝的伊势神宫就极可能会遭到洗劫、玷污，如此一来，要想维系大和魂一类的东西恐怕是困难了，毕竟伊势神宫堪称岛国人民的精神支柱，上千年来没有一位外国人能够进入这座神秘的庙宇，更何况，在那附近，如此重要的神社不止一座。

1945年8月15日，岛国百姓们平生首次听到了天皇的声音——"玉音"。虽然因为表述晦涩，口音奇特，大家听得云里雾里，但许多人依旧不自觉下跪，并哽咽着听完了这则已于前一日录好的《终战诏书》。显然，在日本人看来，用"终战"这样的措辞比"战败"要好听得多。它的具体内容如下：

  朕深鉴于世界大势及帝国之现状，欲采取非常之措施，收拾时局，兹告尔等臣民，朕已饬令帝国政府通告美、英、中、苏四国，愿接受其联合公告。

  盖谋求帝国臣民之康宁，同享万邦共荣之乐，斯乃皇祖皇宗之遗范，亦为朕所眷眷不忘者；前者，帝国之所以向美英两国宣战，实亦为希求帝国之自存于东亚之安定而出此，至如排斥他国之主权，侵犯他国之领土，固非朕之本志；然交战已阅四载，虽陆海将兵勇敢善战，百官有司励精图治，一亿众庶克己奉公，各尽所能，而战局并未好转，世界大势亦不利于我。加之，敌方最近使用残酷之炸弹，频杀无辜，惨害所及，实难逆料；如仍继续作战，则不仅导致我民族之灭亡；并将破坏人类之文明。如此，则朕将何以保全亿兆赤子，陈谢于皇祖皇宗之神灵乎！此朕所以饬帝国政府接受联合公告者也。

朕对于始终与帝国同为东亚解放而努力之诸盟邦，不得不深表遗憾；念及帝国臣民之死于战阵，殉于职守，毙于非命者及其遗属，则五脏为之俱裂；至于负战伤，蒙战祸，失家业者之生计，亦朕所深为轸念者也；今后帝国所受之苦固非寻常，朕亦深知尔等臣民之衷情，然时运之所趋，朕欲忍所难忍，耐所难耐，以为万世之太平。

朕于兹得以维护国体，信倚尔等忠良臣民之赤诚，并常与尔等臣民同在。若夫为情所激，妄滋事端，或者同胞互相排挤，扰乱时局；因而迷误大道，失信义于世界，此朕所深戒。宜举国一致，子孙相传，确信神州之不灭。念任重而道远，倾全力于将来之建设，笃守道义，坚定志操，誓必发扬国体之精华，不致落后于世界之进化，望尔等臣民善体朕意。

昭和二十年八月十四日

好一个"朕欲忍所难忍，耐所难耐，以为万世之太平"。

玉音放送之后，一切都结束了，留给日本的仅仅是一座座毁灭后的城市与一个个毁灭后的人……然而，真的是这样吗？至少，经过一波神秘的操作之后，天皇依旧健在，而天皇制也得到了某种怪诞的延续……

此外，对于这场持续了近四分之一个世纪的对外战争，如今岛国的右翼依旧习惯称其为"大东亚战争"，以表示自己的祖辈们打的是一场驱逐西方列强的亚洲解放战争，显然，它以1941年偷袭珍珠港为发端。至于结果，日本人好像除了是那两颗巨型炸弹的受害者以外，便再无其他身份。当然，也有像《大东亚战争肯定论》作者林房雄那样的人物，号称这是一场对抗西方帝国主义的百年战争，其标志则是1853年出现在日本的佩里和他的黑船……

记忆

1927年　日本金融危机爆发、中国井冈山革命根据地建立、蒋介石在上海发动四一二反革命政变、南京国民政府成立、武汉国民政府成立

1928年　日本进行第一次普选、张作霖被炸身亡、《马克思·恩格斯全集（マルクス・エンゲルス全集）》在日刊行

1929年　世界经济大萧条

1930年　《伦敦海军条约》签署

1931年　九一八事变（"满洲事变"）、中华苏维埃共和国成立

1932年　一·二八事变（上海事变）、日本国内爆发五一五事件、伪满洲国成立

1933年　日军入侵中国华北、日本退出国际联盟、希特勒上台

1934年　中国红军长征开始、和辻哲郎《作为人的学问的伦理学（人間の学としての倫理学）》问世

1935年　日本"天皇机关说"受到批判、中共召开遵义会议、和辻哲郎《风土（風土）》问世

1936年　日本国内爆发二二六事件、中国西安事变、全国各界救国联合会成立

1937年　近卫文麿出任日本首相、卢沟桥事变、中国第二次国共合作、南京大屠杀、国民政府决定迁都重庆

1938年　日本颁布国家总动员法、德国合并奥地利、津田左右吉《中国思想与日本（支那思想と日本）》问世

1939年　德国突袭波兰（第二次世界大战爆发）

1940年　日本大政翼赞会成立、日德意结盟、汪伪国民政府成立、津田左右吉事件

1941年　日本与苏联签署《日苏中立条约》、日本偷袭珍珠港（太平洋战争爆发）、德国对苏联宣战（苏德战争爆发）

1942年　日本在中途岛战败、京都学派召开"世界史的立场与日本（世界史的立場と日本）""近代的超克（近代の超克）"等座谈会

1943年　日本召开大东亚会议、波多野精一《时间与永远（時と永遠）》问世

1944年　东条英机辞职、日本在塞班岛战败、日本本土开始遭到空袭、大塚久雄《近代欧洲经济史叙说（近代欧州経済史叙説）》问世、竹内好《鲁迅（魯迅）》问世、铃木大拙《日本的灵性（日本的霊性）》问世

1945年　雅尔塔会议、苏联对日宣战、广岛和长崎遭受灭顶之灾、日本接受波茨坦公告（"二战"结束）、美国在日设立驻日盟军最高司令官总司令部（GHQ）、麦克阿瑟抵日、德国无条件投降（德国东西分裂）、朝鲜南北分裂（北纬38度线为界）、联合国正式成立、中共与国民政府签订《双十协定》（毛泽东与蒋介石在重庆举行会谈）

第五章 战后、美国人、官僚

受降

1945年9月2日上午,"隆重"的受降仪式在一艘名为"密苏里号"的美国战列舰上举行,此时,它正停泊于宁静祥和的东京湾,略显美中不足的是,这天的天气有些阴沉。

8点50分,道格拉斯·麦克阿瑟(1880—1964)将军乘坐"布坎南号"驱逐舰从横滨赶来。而早在几天前,这位美国历史上为数不多的五星上将就已乘专机飞抵位于日本神奈川县的厚木海军航空基地,他那戴着飞行员墨镜、叼着烟斗迈出机舱的形象也早已成为一代人心中的经典。

虽然那一刻的麦克阿瑟看上去有些漫不经心，但很显然，摆出什么姿势以及怎么摆，将军早已有所打算，并且为此还做了反复的练习。

不过，能够如此从容地踏上这一片被征服的土地，并留下自己那伟岸的形象，麦克阿瑟还得感谢那些于早些时候以实战状态全副武装登陆岛国的美军作战队员，毕竟，对于日本是否真的就此"放下屠刀"，美国人心里也没个谱儿。至于麦克阿瑟，他和自己的前辈佩里一样，对日本这个古老且神秘的岛国知之甚少，但他宣称自己是受了神的指引来帮助日本脱离封建愚昧，迈向现代化民主国家。然而，无论如何，这都是美国人和他们的远东军总司令麦克阿瑟引以为傲的一段美好时光。

受降当日9时整，美国国歌响彻东京湾，"密苏里号"挤满了想要目睹这一历史时刻的美国水兵，他们各个神采飞扬。半个小时以前，同盟国代表团就已抵达该舰，一时间，船上中国话、俄语、法文、英语此起彼伏，颇有些奥运会开幕式的感觉，记者们也都忙得不亦乐乎。

不过，有一个奇怪的现象，相较于各国代表们那正式的着装，美国人上至五星上将，下至普通水兵穿的都是军便装，他们既不系领带，也不佩戴勋章，给人一种漫不经心的感觉，或许，他们是想以这样的形式表示对日军的轻蔑。当然，以陆军参谋总长梅津美治郎（1882—1949）为首的几位岛国军人代表，看起来也有些漫不经心，他们穿着没有熨烫过的旧军服和毫无光泽的脏军靴。但显然，两种漫不经心不是一回事。此外，岛国那几位身着正式燕尾服，头顶大礼帽的外交部代表则多少显得有些怪诞。日本人也曾向麦克阿瑟这位岛国未来很长一段时间的实际最高领导人致礼，不过对方却没有任何表示。

军舰的长条桌上，早就放好了两份投降书，一份用的是墨绿色真皮封面，显得雍容华贵，它将供同盟国留存。而另一份交给日本的投降书，它的封面则是廉价的黑色帆布（想必日本人也不会好好保管）。在一系列签字活动结束之后，麦克阿瑟总结陈词："我们共同祝愿，世界从此恢复和平，愿上帝保佑和平永存……"此时，正值当日上午9时18分。

对了，此时的美国人显然不会忘记他们的前辈——佩里，那面佩里曾经使用过的军旗也一直被保存在美国海军学院，在日本投降后，为了配合人类历史上的这场重大受降仪式，它又被特意运回日本，并于1945年9月2日这一天在"密苏里号"上升了起来。此外，耐人寻味的是，1999年，这艘闻名于世的"密苏里号"战列舰作为一艘博物馆舰，停泊在了夏威夷的珍珠港，供世人参观……

挣扎

日本投降后，东久迩宫稔彦王（1887—1990）出任首相，这名字一听也不像是个普通人，果不其然，他是昭和天皇的叔叔……

这位虽然能力不咋样，但鉴于其皇室背景以及先前担任过岛国的陆军大将，所以由他出任首相对于控制这一特殊时期岛国的复杂情势应该是挺有帮助的。换言之，日本需要一位能够收拾战后残局的人物，毕竟，让数百万抱有"皇国"必胜信念的"皇军"乖乖放下武器就已绝非易事。结果，东久迩宫稔彦王不负众望，他在短短几十天的任期里，就平稳解除了数百万日本海陆军的武装。

而此时，他的副手正是那位曾经的公爵首相——近卫文麿。他的幕僚团队中还不乏儿玉誉士夫（1911—1984）那样做过特务头子的右翼。儿玉曾在吾国的日军占领区大发横财，战后，他也依旧没有闲着，不但忙着为驻日美军建设妓院，还协助美国人寻找日军在全国各地埋藏的金银财宝，并且斩获颇丰。在一举奠定了自己战后日本黑社会大佬的江湖地位之后，他便开始用大量金钱在幕后操纵岛国，不过，财运不错、脑袋活络的他应该一直就没少用巴结、贿赂这类的招数。据说，战后多位日本首相都与之有着甚密的交往。

由此不难看出，在人事任命这件事情上，战后初期的日本与战时有着某种微妙的联系。对了，东久迩宫稔彦王比自己的侄子昭和天皇活得还久，几乎可以称得上是世界上最长寿的政治人物了。

作为一名皇族首相，他希望曾经的天皇制国体能够得到维系，虽然"皇军"没了已是板上钉钉的事实。事实上，在几十天内高效完成数以百万计武装力量的解除也可以向美国人显示天皇制政府的高效，进而达到维护国体的目的。说到底就是，国体不能灭，裕仁还想在战后继续好好地活下去。在短短五十几天的时间里，这位皇族首相的内阁就完成了签订投降书、政府的改造、军队武装的解除、迎接美军进驻等等一系列活动，还把不久前那叫得热火朝天的全民口号"一亿玉碎"换成了"一亿总忏悔"。看来，为了虚无缥缈的国体，为了天皇能够好好地活下去，为了曾经的旧秩序，皇族内阁也真是费尽了心思。

美国人曾经想在日本发放军票，但这一行为通常被视为占领军用来掠夺占领区财富的一种手段，帝国时期的日本就没少发行军票，所以东久迩内阁闻讯后自然急得像热锅上的蚂蚁。于是他们派出外交部长，那位曾经在上海虹口公园爆炸案中被炸掉了一条右腿的重光葵（1887—1957）进行交涉，不知背后是否还有什么神秘操作，总之，最后美国人放弃了发行军票的想法。

尴尬的裕仁

1945年9月，岛国那位神秘的幕后大佬——昭和天皇终于出现了。只是，这回与以往有些不同，不再是别人觐见他，而是他前来"拜见"自己的顶头上司——驻日盟军最高司令官——麦克阿瑟。在那张摄于美国驻日本东京大使馆的经典老照片当中，我们可以看见阿瑟将军穿着轻松自如，但却给人以一种不怒自威的感觉，而反观一旁身材矮小的天皇（加上头发的高度也就到麦克阿瑟鼻子的地方），虽然他穿得极为正式，站得也可以说是非常笔直了，并且，能看出他还尽力将头向上扬了扬，给人以一种不甘屈居于旁人之下的视觉效果，但由于身材确实过于矮小，又或者是阿瑟将军实在过于高大，画面竟然呈现出了某种莫名的喜感。当然，为了维护国体，避免百姓对天皇这位现人神的信仰产生动摇，起初这样的照片并不被允许公之于世，但如今岛国已经"改朝换代"，对于一切事物，不是光凭天皇及他的那群幕僚就能决定的了，照片最终还是被发给了日本的新闻媒体机构使用。实际上，只要是明眼人，都能发现这张照片背后所蕴含的政治意味。

此外，当时岛国人民的天皇信仰、天皇崇拜，或许并没有我们想象得那般狂热。它或许仅仅是官方的一厢情愿、一套说辞，乃至一个阴谋。

理由也很简单明了，就在看到了天皇和司令官的那张合影之后，许多岛国人竟然写信给麦克阿瑟，其中上至有头有脸的社会精英，下至一般的家庭主妇，都争先恐后地表示自己愿意效忠美利坚。真是"识时务者为俊杰"啊！看来群众的眼睛还是雪亮的，对于谁是当下自己的真正领导他们或许早已深谙于心。还有更为夸张的，日本有一位作家就曾在自己的著作当中坦白美军进驻日本后，有不少女人提出要为阿瑟生娃，更有甚者明确要求将日本变为美利坚的附属国，当然，即便他不要求，就事实来说，也差不了多少。

更为直白的是民意调查，当时多数日本人对废除天皇欣然接受，甚至也有不少人表示支持，就连天皇的爱卿们——某些皇室成员也认为天皇应该退位了，毕竟说战争与天皇无关，无异于痴人说梦，所以，裕仁"引咎辞职"也是理所当然。

而就历史传统来说，所谓"国体""大和魂""武士道"一类的东西则都是明治维新之后弄出来的，目的就是利于明治大佬们对岛国全域的统治。比如，在明治维新以前的日本，没有哪位武士吃饱了撑的会去为天皇赴死，他们效忠的对象是自己在当地的顶头上司，也就是各个藩的所谓藩主。武士尚且如此，老百姓就更谈不上什么天皇崇拜了，对于他们来说，最要紧的应该还是能吃饱饭。所以，说他们信仰米饭或许还有几分道理，毕竟在很长的一段时间里，岛国的俸禄都是那白花花的大米，要是将大米和金银宝贝分别堆成两座小山，让当时的日本人白拿，估计冲向前者的岛国人民绝不在少数。

话题回到武士阶级。到了江户时代末期，有的藩主因为经济拮据，没法为武士们提供基本的生活物资。于是，有些变成了浪人的武士在明治政府那里领到了俸禄，至此，他们才开始接受明治的那套"忠君"——效忠天皇的思想。而这类思想的始作俑者当中，有不少曾经是他们的同行，为的则是巩固当时明治政府的统治。

换言之，效忠天皇并不是岛国一直以来的传统。当然，天皇有着某种文化上的象征意味，这一点不假。所以，"二战"结束时，当中、英、苏等国要求废除天皇制时，美国人则认为那样做会导致日本军人起来造反，或者也可以用类似阿瑟的说法，即日本这个稚嫩的民族，需要有天皇这么一位人物的指引，不然容易出乱子，所以他们坚持反对废除天皇制。这样的做法实在是耐人寻味，即便麦克阿瑟和以前的明治大佬们一样，觉得有天皇这个象征在，办起事来会方便很多。

但总而言之,天皇制算是勉强保留下来了,这里面有美国人的努力,当然,也少不了日本高层的努力,比如那位公认的具有国际视野的政治家吉田茂(1878—1967)。至于这一过程的背后,到底具体经历了什么,我们或许永远都不会知道。

太上皇

天皇制虽然被保留下来了,但裕仁终究不再是那个岛国无所不能的"上帝"了。1946年元旦,在美国人的引导下,他发表了那著名的《人间宣言》("人间"为日文词,中文意思就是"人"),说明了自己并不是神。同年,日本大选正式拉开帷幕。即便表面上看来,这个被占领的国家依旧由本国人自己管理,但很显然,麦克阿瑟的一个眼神才是最重要的。

麦克阿瑟在这里大谈自由、民主,虽然从"君临岛国"开始,到1951年正式离开,他都没有见过几位真正的日本百姓，就算是和岛国高官的会面也多限于极其正式的场合，但这并不妨碍他对自己的"臣民"高谈阔论，颐指气使。这或许是受了前辈佩里的影响，因为在佩里看来，自己越是高傲，越是摆出一副盛气凌人的样子，就越能迎来那些注重外表与仪式感的岛国人民的尊重。当然，就阿瑟的一贯表现来看，这也很有可能是其天性使然。但就这样的表现看来，彼时日本的伟大导师似乎和曾经的那位"上帝"裕仁并没有什么不同（虽然天皇可能要比阿瑟含蓄得多）。即使机智的群众早就看穿了这一点，又能奈何。

据说，那段时期里，在东京的某家剧场，有人因为精彩的演出，而不由得叫出了一声"日本第一"，当然，也有可能是故意的。接着，不知是从哪儿传来了一句"麦克阿瑟将军"，顿时间，整个剧场变得鸦雀无声，因为没有人能想到还有什么词的地位能高于"麦克阿瑟将军"的了。况且，他们原来的上帝——昭和天皇，都正在接受着阿瑟的改造。

在战后的那几年里，这位日本的太上皇曾在美利坚对自己的同胞们表示，站在现代文明的视角，日本就像是一个十二岁的孩子，他们缺乏管教。换言之，阿瑟认为，岛国人民正是因为自己的心智还不够成熟，才走上了法西斯的歧路。所以，只要对他们严加管束，给他们以正确的指引，谆谆教导，那么他们应该能够走上正轨——成为一个自由民主的国家。

当然，麦克阿瑟讲这番话时，是有一个参照系的，那就是德国。在他眼里，纳粹德国无疑更为邪恶，因为德国显然已经是个成年人，他们在科学、文化、宗教方面都高度发达，甚至领先世界，他们本应明白事理，但却做出了如此邪恶的事情。所以对于德国，麦克阿瑟认为务必要把纳粹那帮家伙清理干净，但没有必要殃及德国的文化传统，毕竟那里曾经产生了路德（1483—1546）、贝多芬（1770—1827）、歌德（1749—1832）一类的人物。况且，说起历史文化，阿瑟估计自己也清楚，德意志都能甩美利坚好几条大街了。

虽然，在麦克阿瑟眼里，相较于日本，纳粹德国的罪孽更为深重，毕竟日本还是个不太懂事的孩子，但我们也应该能够从中读出阿瑟那种戴着有色眼镜的傲慢姿态。

改造

随着往昔帝国日本陆、海军的解散，岛国的一切似乎都即将面临一场疾风骤雨般的大改造。太上皇对天皇制做出了妥协（也可能是有意而为之），因此，有些人认为他对日本人的了解并不肤浅。但就像任何的政治体制改革都会有其拥护者和反对者那样，也有不少人认为，这是麦克阿瑟在日期间犯下的最大错误。换言之，这样的决定使得日本无法与自己那罪恶的过去彻底了断，并且，对天皇制国体的维护，还为此后日本社会的集体右倾化提供了依据。虽然右翼们可能与曾经明治政府的大佬们一样，只是觉得有天皇在，做起自己的那番事业来会更得心应手，而天皇或许也会因为自己不用负什么具体的责任而感到庆幸。

但无论如何，此时，对岛国进行改造已是在所难免。如此一来，曾经的一些旧事物、旧思想就势必要受到限制，甚至被进行一番彻底的清理。毕竟自由、民主一类的东西光靠喊，是没有多大作用的，精神的洗礼、人性的塑造才更为关键。

于是，岛国的老师们立马改变了自己的教学思路，原先那一套效忠天皇的内容寿终正寝，取而代之的是宣扬那源于托马斯·霍布斯（1588—1678）、约翰·洛克（1632—1704）等人的"民主、自由"观念。更为怪诞的是，在新版教科书未出炉之际，岛国的广大学生们被告知旧版教材里的有关内容是错误的，需要他们自己动手用墨水将其涂抹掉。此时，从岛国最早的文学作品《古事记》，到江户时代日本的民族戏剧——歌舞伎都不得不面临占领当局的严格审查。理由也很简单，因为它们的内容里面包含有对天皇的歌颂以及某种忠君思想的影子。不得不说，这样的做法本身就与天皇制的保留有自相矛盾之处。

说到矛盾，美国人给岛国带来的所谓"民主"自身也值得商榷，比如日本人被教导言论自由，但一切关于美利坚的批评却从来都不被允许，当然其中也包括涉及广岛和长崎的那些往事……

此外，在那段岁月里，日本人心目中的圣山——富士山也跟着一并遭殃，当然，美国人不会傻到真要去铲除富士山，他们只是将某些电影里有富士山出现的画面剪掉了，原因是它曾为日本精神、文化的典型象征，在神道教里具有不一般的地位。而至于岛国人民最爱看的那一类武士题材的影视作品，基本上是消失殆尽了，毕竟动不动来个剖腹的场景，美国人是绝对受不了的，而好莱坞大片里随处可见的吻戏则是他们喜欢看的，毕竟那也象征着某种"自由"嘛！不管怎么说，美国人管的也真是够宽的，岛国的年轻男女们羞涩于在公共场合卿卿我我也让他们心生担忧。于是，占领当局竟然下令今后的岛国影片里要出现吻戏，向封建的岛国人民传播这种"新事物"，但是"新事物"并不提倡在已经巫山云雨中的岛国姑娘与美国大兵之间发生。看来，美国人是真的不太了解日本人……

不过，美国人的功劳也显而易见，他们不但留下了《菊与刀》那样的经典著作，也让日本从一个极具侵略性的国家瞬间变为了一个热爱和平的国度，至少在那几年，从表面上看是这样的。直到今天，岛国人民依旧享受着和平，这本身就可以说是奇迹，要知道，从1945年到2020年的75年间，我们的世界并不太平。

而在当时，面对美国人的改造，日本人民的表现又如何？事实上，想想他们对麦克阿瑟的态度基本就已经能够知道答案了，彼时的多数日本人甚至觉得只要是美国人做的事就不会有错，比如先前极为反感孩子们站着吃东西的父母，这时候竟然鼓励起自己的孩子们边走路边嚼口香糖，甚至是吞下一个汉堡包或者是三明治。

经历了那单调无趣且精神高度紧绷的战争年代，岛国人民几乎可以说对任何新东西都表现出了极大的热情，文学、思想、艺术均有了全面复苏的迹象，虽然美国人会时不时来查一下，但相比于那丑陋的军国主义年代，无疑已经好了太多。更何况，美国人带来的"自由"改造，有些也相当符合岛国人民的天性，正可谓一拍即合。比如，印有美女的画报开始流行，封面性感豪放的杂志开始热卖，艳舞表演开始受到热捧。而不久前，这一类"腐朽洋货"还是全体岛国人民的禁物。

潘潘女郎

在"战后"氛围的营造下，不少岛国女孩开始向美国大兵主动示好（当然，这一行为多半发生在天黑以后），于是，一个名为"潘潘女郎"的职业称呼开始出现，"潘潘女郎"一词的来源有诸多说法，但无一例外都给人以一种负面的感觉。她们多为职业或半职业妓女,但未必隶属于某个具体的团伙或者组织。东京市中心的几处繁华之地都有"潘潘女郎"们的身影,比如那座有名的日比谷公园,此时麦克阿瑟的指挥部就在它的正对面(看来他对此事并不反感),又或者是不远处的有乐町车站附近,欧化之风最盛的高级街区银座就在那附近。虽然多数人会对这群涂着鲜艳大红唇的姑娘投来异样的眼光,觉得她们是堕落的象征,但"潘潘女郎"们的物质生活却要优于那些嘲笑他们的人。

战后初期,成千上万的日本人无家可归、流离失所。如今东京的上野地区聚集了来自世界各地的游客,那里是岛国众多知名博物馆的所在地,但繁华的上野车站附近曾经却是无数无家可归人士的聚集之地,而不远处的"アメ横"市场就曾经是日本的黑市,在那里,有不少退伍的日本老兵干着并不怎么光彩的工作。

无家可归的可怜人则和如今岛国的流浪汉一样,不!应该是远远不如今天流浪汉的生活境况。他们寄宿于任何一个只要是能够待人的地方,当然,他们没有如今流浪汉手头的那种大纸箱子,得以挡风;他们也没有天桥、高架一类的地方能够避雨。他们的食物可以是路边的蚱蜢、蜗牛，甚至老鼠。他们日日夜夜待在废墟旁，一无所有……想起如今岛国女孩看见一只蟑螂时那极为夸张的神态和超高分贝的尖叫声，也只能用时过境迁来形容了。而彼时，岛国孩子们的情况可能会比大人稍稍好一点点，毕竟他们整天追着美国大兵讨要巧克力也不会有什么心理负担，并且，美国人在这群可怜的孩子面前倒也并不吝啬。

事实上，许多"潘潘女郎"伺候美国大兵的目的无非就是为了换取一些吃的。有时候，一次交易的报酬也就只有一美金，但她们依旧"乐此不疲"，因为她们的家中或许还有嗷嗷待哺的孩子和年迈的老人，而有些姑娘又或许仅仅是为了有个能够睡上一觉的地方。所以，她们虽然会招来鄙视，但也能够被人理解，甚至有时他人鄙视的目光里也透露出一丝丝的羡慕与嫉妒。毕竟，在当时的环境之下，对于多数普通人而言，比起"知荣辱"，"衣食足"才是第一位的。当然，每个时代都不乏"奇葩"的存在，就像如今一些女孩选择进入色情行业的原因仅仅是出于好奇那样，当时成为"潘潘女郎"的女性当中也有这一类好奇心过旺的女性，这或许应该算得上是人们歧视这一群体最为正当的理由了。

就这样,"潘潘女郎"们成了战后日本的一道独特风景,她们了解美国的流行文化,穿着也显得格外洋气,虽然其中多为廉价的仿冒产品,此外,能讲几句英语是必需的,即便她们的发音显得异常怪诞。

RAA

实际上,由于在战败前,多数日本人并没有见过洋人,但对官方那套"鬼畜英美""如果战败,男的将全被阉割,女的将全沦为娼妓"的宣传却是耳濡目染,加上日本人自己在亚洲干的那些"好事",他们对美军的占领充满了恐惧也是理所必然的,尤其是担心女性同胞的安全受到威胁。尽管麦克阿瑟已经明确表示不会进行任何野蛮的报复行为。

但是,宣布投降后没过几天,日本政府还是着手准备开设官方妓院,号召岛国妓女牺牲她们的肉体来捍卫家园,保卫更为广大的女性同胞,又或者是保护那些家境较好的女性同胞们。1945年8月26日,一个名叫RAA的协会(特殊慰安施设协会）正式成立，据说成立仪式办得还挺隆重，出席成员则多为日本色情行业的老板，当然，也不乏儿玉那样的人物。

而彼时的姑娘们，面对不久前还是敌人的美国大兵，现在却被要求去为他们服务，并且还是献身类型的，显然令人难以接受。更为离谱的是，官方给出的理由同样是"为了国家"……此外，岛国色情行业内部还流传着"洋人与日本人的身体不太一样，和他们做那种事会被弄成两段"一类的说法。所以，伺候美国人，简直让她们有了一种赴死的悲壮之感。

为了那些冠冕堂皇的理由，部分妓女最终勉强答应了，但其数量却远未达到官方的最初计划。因此，岛国政府又干了一件"好事"，他们开始打良家妇女的主意，当然，在战后初期那种极端困苦的环境当中，手段主要还是靠物质诱惑，于是，许多女性估计还没搞明白这是一份什么样的工作就会前去应聘，然而，一旦上钩，在政府和行业老板的软硬兼施之下，她们大多只能选择屈从。至于她们实际领到手的物资，常常就是诸如枕头、被子、卫生纸一类的"服务用品"。之后，她们便踏进了地狱之门。

一位曾在小町园慰安所工作过的女性回忆：她们没日没夜，美国兵嚼着口香糖在外面排队等候，女人们在屋子里如同受到了监禁，根本没有拒绝的可能。此外，有些年轻女孩，对异性根本还没有什么概念，就突然遭到了来自白人与黑人的轮番蹂躏，处境极其悲惨。据说，有一位在三井银行工作过的女孩，接到的第一位客人是位黑人，第二天她就跳轨自杀了。而面对部分美国兵极其粗暴的行为，日本警察也只会一个劲地要求女性配合忍耐。当然，其中也不乏对美国兵心存好感的女性，或许是因为她们的运气不错，又或者是她们的喜好比较独特，当然，也有可能是之前官方"英美鬼畜"那一类的宣传过于夸张了，而实际情况却好于她们的预期……

更令人不齿的是，岛国政府一方面要求广大妇女挺身而出，为国奉献，另一头却密令具有以下家庭背景的女性不要卷入其中，如皇族、华族和财阀。不过，这项"事业"在1946年上半年便戛然而止了，性病的蔓延或许是其主要的原因。虽然岛国从来不缺避孕套，但据说愿意使用的美国兵却寥寥无几。

在占领军司令部的要求之下，日本政府随即下令遣散这群曾经"为国捐躯"的队员（在岛国有着"女子挺身队"的说法），带着满身的疮痍，在没有任何补偿的情况下，她们就被赶到了大街上……于是，"潘潘女郎"开始大量出现，她们可以在任何时间、任何地点满足美国人的性欲，以此换取一些能够让自己生存下去的必需品。当然，其中有一些运气较好的姑娘能够成为美国人口中的那个"唯一"（取自英文"only"），成为他们长期包养的对象，但这些姑娘也终将成为弃妇，不辞而别是常有的事儿。毕竟每一位在日本停留的美国人都有要回国的那一天，当然，也包括他们的总司令大人。

新宪法

另外，在美国人的引导下，三井、三菱、住友、安田等巨型财阀宣布解散，虽然，他们在不久后的将来又将迎来新生；昔日大地主们的土地被政府强制征收进行再分配，这一举措无疑具有进步性，但它也让部分原本具有革命潜力的穷苦人趋于保守；选举法的修改让岛国女性首次拥有了选举的权利；具有军国色彩的《教育敕语》被废，取而代之的是基于民主精神的《教育基本法》。值得一提的是，正是从这时候开始，岛国的男女学生才被允许在同一所学校里面念书。

一系列大刀阔斧的改造当中，最引人注目的当数那部美国人为岛国人民专属定制的《日本国宪法》。事实上，这部宪法本应出自日本法学家之手，占领当局本来也有这个意思。但无奈，这群训练有素的家伙对美利坚的那套"主权在民"理论似乎并不擅长，毕竟他们多受德意志法学传统的熏陶，而明治时期的那部《大日本帝国宪法》几乎就是普鲁士宪法的日文版。一言以蔽之，美国人对日本法学家对《大日本帝国宪法》修修补补的行为并不满意。于是，他们准备自己操刀，一支由美国人组建的律师团队开始着手为岛国人民制定宪法。

在这部最初由英文写成的《日本国宪法》里，天皇从神坛陨落，正式成为岛国的一个象征。此外，美国人还特意将男女平等写入了宪法，但是就此后几十年日本社会的实际情况而言，这一精神似乎并未得到实质性的体现，女记者伊藤诗织（1989— ）的遭遇即为一个具体事例。

不过，虽然这部宪法被翻译成日文以后，读起来略显拗口，但岛国人民确实应该对当时以麦克阿瑟为首的占领当局道个谢，即便此后的美国人也从日本捞到了巨大的好处，但毕竟对于多数的岛国百姓，美国人给他们带来的这部基于国民主权、基本人权和和平主义而创制的宪法确是一个福音，最起码，大家不用动不动就"玉碎"了。事实上，这部宪法对日本的和平崛起起到了非常积极的作用，从朝鲜战争到越南战争，从海湾战争到阿富汗战争，日本人始终没有正式参与这一系列的军事行动都与这部和平宪法不无关系，当然，也包括日本战后的经济腾飞。

此外，意料之中的是，这部和平宪法很不对岛国右翼分子们的胃口，天皇变成凡人也就算了，关键是宪法里面的第九条，因为它，日本将不得不放弃发动战争的权利。不过，虽然右翼极为不满，但他们也无可奈何，毕竟现在是人家说了算。

1946年11月3日，《日本国宪法》公布，次年5月3日，这部和平宪法正式实施，这两个日子也成为此后岛国人民的重要节日——文化日和宪法纪念日。有意思的是，日本右翼虽然一直以来对美国人制定的宪法心怀不满，但他们却是出了名的亲美分子，而岛国的左派虽然会对美国有所抵触，但却是美国人制定的这部和平宪法的忠实拥护者。

东京审判

在新宪法公布的前几个月，一场对日本战争罪犯的国际大审判已经开始。来自11个同盟国的法官们齐聚远东国际军事法庭，他们对日本发动的，包括九一八事变、南京大屠杀、偷袭珍珠港等一系列军事行动的部分负责人进行了为期两年零六个月的审判。当然，里面并不包括那位重量级人物——昭和天皇。

此外，也有人因为装疯卖傻而逃过一劫，比如那位号称"日本法西斯主义之父"的大川周明（1886—1957）。这位在法庭上不是裸露身体，就是大喊大叫，甚至还给坐在自己前面的同胞那光秃秃的头顶来上一掌，这位"可怜"的同胞正是东条英机先生。一系列闹剧过后，大川周明竟然被释放了，并且，刚一释放，他就恢复了正常……

相比大川周明，东条英机则"老实"得多，他不但表示愿意承担相关战争责任,甚至还差点把天皇拉下了水,不过好在后来他又显示了自己那"憨厚"的一面,改了口。

1948年12月23日,包括东条英机、松井石根、土肥原贤二在内的七名甲级战犯在东京巢鸭监狱里被处以绞刑。不知是否是占领当局的精心安排,这一天,恰巧也是昭和天皇的儿子——日后的平成天皇的15岁生日……

至于彼时的岛国百姓,恐怕没有多少人会对这样一场声势浩大的国际审判表露出浓厚的兴趣,毕竟大家都还挣扎在饿死的边缘。不过,对于这场审判,岛国人或许也会疑惑,比如,为什么不对扔下巨型炸弹的行为问责?

离别

实际上,美国人的占领政策也并非一以贯之,如果说早期对岛国民主化、非军事化的改革还多少伴有些麦克阿瑟个人式的理想主义,那么,随着1947年美苏冷战的开始,理想主义便趋于褪色,取而代之的是让日本快速发展经济以应对新的国际形势——与以苏联为首的社会主义阵营对抗。当然，新的国际形势还包括1949年中华人民共和国成立这样的大事件。

保守势力在此期间不失时机地复出，继而发展壮大，官僚、政客和企业家们再次团结起来，为岛国的经济发展出谋划策，只是与之前相比，这一时期他们中间少了那群权力欲旺盛的军队人士的身影。

1950年，朝鲜战争的爆发为日本的经济腾飞提供了一个绝佳机会，重组的财阀开始为美国人提供他们所需要的战略物资。此外，一支岛国警察预备队（如今日本自卫队的前身）的出现则更让人浮想联翩，日本似乎又将被卷入一场新的亚洲内部战事，而这显然有悖于那部刚刚颁布不久的日本国宪法。对于眼下发生的这一切，麦克阿瑟虽然仍旧是那个发号施令的人，但他却未必高兴得起来，毕竟基于新的国际形势，有些时候，岛国的事情已经不是他能够说了算的了。

当然，很多事情也不能由高傲的司令官大人一人说了算。比如，麦克阿瑟曾一度扬言要将朝鲜战争扩大到吾国东北地区，甚至还想着动用原子弹。好在这样疯狂的想法没有成为现实，不然第三次世界大战说不定就提前成了现实，跟着遭殃的还是世界的百姓们。

1951年，麦克阿瑟被勒令回国，他的仕途亦戛然而止，杜鲁门的这个决定或许与麦克阿瑟上面的那番言论不无关系。然而，岛国人民却对司令官大人恋恋不舍，据说在他的专车驶向羽田机场的途中，数十万日本民众热泪盈眶，手挥纸质小旗夹道送别，感谢麦克阿瑟为岛国所做的一切。当天，日本的学校停课，广播电台NHK播放着象征友谊的小曲子，吉田茂首相也来到机场为他送行。不过，这一天，天皇裕仁却始终没有出现……

随着那架曾经载着麦克阿瑟来到日本的专机"巴丹号"最后一次飞离东京，岛国的"阿瑟时代"正式宣告结束。在这七年左右的时间里，日本经济得到了复苏（虽然有发战争财的嫌疑），人民的生活水平有了质的飞越（战后初期根本无"水平"可言），更主要的是，日本这台原来的战争机器摇身一变，成了一个人人爱好和平的国度，虽然这样的说法不尽准确，但与从前相比，这么说似乎也并不为过，并且，他们还拥有了一部内含崇高理想的和平宪法，而这一切都有着麦克阿瑟的一份功劳。

尽管麦克阿瑟对日本的改造远非完美……

民俗学

1951年，一位名叫柳田国男（1875—1962）的学者获得了日本文化勋章。这一文化勋章，比如位于大阪的那座著名建筑"光之教堂"的设计者安藤忠雄（1941— ）、服装设计师三宅一生（1938— ）、历史小说巨匠司马辽太郎（1923—1996）以及导演黑泽明（1910—1998）都曾获得过。这一勋章在每年11月3日由天皇亲自授予，根据以往经验，只要有天皇参与的事儿，肯定来头都不会小。柳田国男则稍显另类，他是一位民俗学家，说得通俗一点，其研究对象是普通老百姓的日常。

在人类有历史记录的绝大多数时间里，历史的叙述或是研究对象，几乎都是些有头有脸的人物。柳田一反常态，他深入民间，考察普通百姓的生活样态，收集、整理那些口口相传的民间故事。柳田也将自己的毕生精力都浇筑在了民俗学这门事业上，他希望告诉日本人，自己的祖先们是如何生活在这个孤岛上的，毕竟在柳田的时代，日本在迅速发展的同时，也正在失去某些古老的"智慧"。

事实上，尽管近代以来，我们的世界开始逐渐被科学、理性所填充，但除去小批量顽固的科学主义者，多数百姓的日常生活并未完全离开所谓的"迷信"。即便是现在的日本，人们依旧对妖怪、河童津津乐道，多数日本人也都能够在有形的社会法律规范和无形的传统宗教信仰之间将自己的现实生活安排得井然有序。

有时候想想，各种所谓的"迷信"应该也是人类固有精神的一部分吧。比如占卜，当今日本社会，大大小小的占卜摊并不少见，大家也并不排斥，甚至多少都相信一些，但显然这类东西无法被搬上台面，研究它显然也难以进入正统思想研究人士的法眼，但我们却无法否认这类东西一直以来都是人们生活的一个组成部分。不论科技多么发达，鬼、神始终在人世间占有他们的一席之地，仅凭借五官才能与外部世界沟通的人类，既无法证明他们的在，更无法证明他们的不在。我们的先哲孔子（公元前551—公元前479）早就明晰了这一切，于是他决定不在这些虚无缥缈的东西上面下功夫（"子不语怪力乱神"）。随着科技的进步，西方近代的大哲学家康德（1724—1804）绕来绕去最终也还是得出了一个"不可知论"的结论。回到柳田国男，他当然也不会去探讨这些超乎人类能力范围之外的东西，他关心的对象始终都是朴素百姓的习俗与信仰。

不过，即便如此，柳田国男的民俗学在当时的日本学术界也算是个"偏门"了，所以他的开拓性毋庸置疑，获得日本文化勋章也算是实至名归。然而，值得注意的是，他的学问在当今学界受到了猛烈的批判，因为它内含宣扬日本民族独特性的嫌疑，而这无疑又会令人联想起那丑陋的侵略战争……

独立

此外，就在东条英机被施行绞刑的第二天，一位中年男子离开了那所位于东京都丰岛区东池袋的著名监狱，这位消瘦的中年男子就是日本前首相安倍晋三的外公——岸信介（1896—1987），他在战后的日本政坛举足轻重。

这位处世极为圆滑的政坛老手年轻时曾崇拜北一辉，即便作为第二次世界大战的甲级战犯在巢鸭监狱服刑期间，他也依旧认为自己祖国发动的是一场关乎正义的战争。岸信介曾经在伪满洲国呼风唤雨，并与当时还是关东军参谋长的东条英机等人一同被称为"满洲五人帮"。不知重获新生的他回忆起自己的那帮老朋友时，会是一番什么滋味。

不过，当下，岸信介一定对美利坚心存感激，并且，用不了多少年，他就将成为日本的最高领导人。但彼时，日本的掌权者还是那位外交官出身的吉田茂，吉田内阁一心想要让日本摆脱战后那种贫困交加的境地，但对于美利坚提出的种种要求，颇具经验的吉田君也只能选择接受，虽然他时不时也会与美国人讨价还价一番。

1952年4月28日，一份名为《旧金山对日和平条约》的文件生效（苏联、中国等社会主义国家并不承认其有效性），"二战"战败国日本算是在美国人的主导下重新获得了国家主权。只是在这一天，与《旧金山对日和平条约》同时生效的还有一份文件——《日美安全保障条约》，基于此份文件，美国人从"占领者"摇身一变成为岛国的"守护者"。事实上，这也是日本与美利坚在某些问题上互相妥协之后的结果。

比如，当美国人要求日本组建一支颇具规模的军队时，吉田茂便拿出和平宪法作为依据，拒绝美国的这一要求，虽然军队最终还是以"警察预备队"之名产生了，但其规模却远远小于美利坚的要求，这应该算得上是美国人的妥协了。而作为交换条件，日本几乎成为美国在太平洋上"一艘不沉的航空母舰"，虽然美国也要承担起日本列岛的安全保障问题。而美国人民好像对此并不乐意，甚至颇为反感，毕竟美国政府最终用的是纳税人的钱。不过，日本人得以大力发展经济并一举成功，确有美国人民的一份功劳。

但无论如何，我们显然无法称此时的日本是一个真正意义上的主权国家。历史总是惊人地相似，对于许多日本人，这样的条约很容易让他们联想起20世纪西方强加给自己国家的一系列不平等条约，也正是从那个时候起，日本开始进入"世界"。而如今，又是一纸《安保条约》将日本再次拖入了"世界"，并使其站队明确，成为所谓"自由主义阵营"的一分子。

美国人一方面充当着"守护者"的角色，而另一方面，在日美军基地无疑为他们的相关战略部署提供了极大的便利，1965年的越南战争即为一例。即便是在大半个世纪后的今天，这种状况依旧持续，冲绳巨型美军基地的相关问题仍悬而未决，尽管当地民众抗议不断。不禁感慨，受苦的最终还是百姓。

然而，当时的日本人能够一心发展他们的经济却是不争的事实，这在以务实著称的吉田茂首相眼里，无疑是最重要的。而在岸信介看来，能和美国这样的老大哥站在一条战线上显然也是件好事，毕竟自己能够活下来都全靠美国人"宽容"，但他同时也想修改美国人为自己国家专属定制的那部和平宪法，尤其是关于天皇地位和日本发动战争权利等方面的内容。虽然岸信介的想法最终落空，但以其为首的右翼势力却没有，也不会善罢甘休，在他们看来，日本的侵略战争永远都是一场正义之战……

此外，有个现象值得我们注意，那就是当时有不少岛国知识分子赞美我们中国共产党自力更生，带领人民群众走向了新时代。

1955

1954年3月，日本和美国又缔结了《日美相互防卫援助协定》，岛国的国防能力得到进一步加强。同年6月日本通过《自卫队法》与《防卫厅设置法案》，7月，陆上自卫队、海上自卫队、航空自卫队正式宣布成立。至此，日本已经注定无法成为世界局势的旁观者了。事实上，任何一个国家，一旦被卷入现代"世界"系统，便再无法独善其身。

在曾经受到麦克阿瑟清算的老派政治家鸠山一郎（1883—1959）接任吉田茂成为新一代首相之后，本来存在分歧的社会党左、右两派握手言和，组建了新的"日本社会党"。面对具有如此巨大势力的在野党，民主党与自由党的相关人士坐不住了，并且，具有革新倾向的社会党对商界大佬也不会友好到哪里去。于是，在企业家与岸信介等政治元老的推动下，自由党与民主党也冰释前嫌，宣布合并，组建成了新的"自由民主党"——"自民党"，自民党的首任总裁即为鸠山一郎。对了，他也是2009年当选日本第93任首相鸠山由纪夫（1947— ）的爷爷。

以上政治事件发生在1955年，也就是日本宣布投降的第十个年头。至此，"国体"政治算是偃旗息鼓了，虽然息得不够彻底，以社会党与自民党为中心的政党政治在岛国正式确立，并且，这一日后被称为"55年体制"的政坛格局一直延续至平成五年（1993年）。

实际上,"55年体制"几乎可以与"自民党体制"画上等号。换言之,从1955年开始,岛国即进入了自民党一党执政的时代。政治家、黑帮、财团形成一条条的巨大利益链,大量钱财在其中流进流出,派系斗争不断,但总体还算和睦,至少,日本社会的经济已经完全复苏,并且,早在几年前就已经超过了战前的水准。黑白电视机开始出现,虽然其售价不菲,想要拥有一台,大概要花掉一位普通公司职员一年的薪水,但是,大家可以聚集在澡堂、饭店乃至街头一起观看免费提供的电视。如果哪户有钱人家买了电视机,那么附近的邻居也会过来一同凑个热闹。棒球、相扑和职业摔跤是彼时最受岛国人民欢迎的体育节目。此外,随着一些传统祭祀节日的恢复,可爱的孩子们穿着漂亮衣服出现在大小神社的场景也从这时候开始成为岛国的一道亮丽风景。

奇迹般的经济复苏与增长也让日本国民的自信心逐渐膨胀,大和民族的优秀品格再次得到渲染,只是这一次的自信并非来自打了胜仗。不过,必须承认的是,日本人确实有着某种异于其他民族的吃苦耐劳精神,他们也确实更容易服从,继而奉献自我。但对于日本经济的腾飞,如果只将其原因归结为所谓的"民族品格",恐怕有失偏颇。毕竟在这之前,麦克阿瑟对日本做的一系列改造影响可谓深远,吉田茂等保守政治家的努力也不可不提,当然,其中还包括那些被美国人释放的旧日本帝国的掌权者。

安保斗争

1957年,岸信介出任首相,在修改和平宪法的想法落空之后,他积极致力于对《安保条约》进行修改。只是,经过了一年多的协商,结果似乎仍不尽如人意,虽然美国人答应今后在岛国的军事部署会和日本人商量。但1960年1月,《日本国和美利坚合众国之间的相互协力及安全保障条约》(简称《新安保条约》)依旧照常签署,日、美间的合作关系更加紧密。

事实上,从1952年《安保条约》签署以来,日本国内的抗议声就不曾间断,此一纸合约不但意味着日本认定了美国这位老大哥,也同时将自己带入了美苏冷战的世界格局,如此一来,真正意义上的"和平"便无从谈起。多数时候，与战前一样，对于条约的签订，岛国百姓们几乎可以说是毫不知情，那么，又何来战后的所谓"民主"？

终于，大规模的"安保斗争"爆发，在《新安保条约》签订的同年5月20日凌晨，国会议事堂被游行示威队伍包围，6月4日，全国参加抗议的人数达到了560余万人，6月15日更是达到了580万的空前规模。在一起警民冲突当中，一名来自东京大学的年轻女孩牺牲了……

1960年6月23日，《新安保条约》照常生效，这一程序甚至都没有得到参议院的批准。10月12日，提出"美帝国主义是中日两国共同敌人"的社会党领导人浅沼稻次郎（1898—1960）遇刺身亡，他坚决反对《安保条约》，并在中日恢复邦交前就多次率团访问吾国。不过，如果习惯了日本右翼激进分子的行为方式，对于这一幕，应该就不会陌生，这样的戏码曾在战前与战时的日本政坛多次上演。

一场针对美利坚与岛国旧秩序的暴力革命似乎即将来袭，但聪明的岸信介辞职了……

继任者是一位名叫池田勇人（1899—1965）的政治家，他是吉田茂的得意门生，这位从财政部门出来的首相上台以后扬言"将日本的经济发展交给池田","大家的月收入将增加一倍",日本战后著名的"经济倍增计划"便出自他手。池田大概是希望大家有了钱以后,能够将关乎政治的东西抛之脑后。不管他对政治问题显得多么力不从心,就成功转移了民众视线这一点来看,池田内阁显然是成功的。毕竟对多数百姓来说,吃饱穿暖,过上幸福小日子才是最为紧要的。值得一提的是,池田内阁出现了岛国史上的首位女性高官——中山マサ(1891—1976)。

在池田勇人的带领下,岛国开始了无休止的造路、造桥,每个新诞生的工程项目都能让相关人士(主要还是政客、官僚、财阀和黑帮)获得一笔不菲的收入。当然,岛国面貌也确实焕然一新了,普通人也能为自己谋得一份稳定的工作,活活饿死的事情早已成为过去,不少大企业愿意为自己的员工提供一份终身雇佣的劳动合同,这样的做法时常被人们认为是日本的固有传统(比如"忠")使然,即便真是如此,也依旧要感谢池田让其成为现实。

"和平"

总的来说,日本在20世纪五六十年代的主旋律就是那令世界人民吃惊的经济增长速度,从1955年到1972年,日本的年平均经济增长率维持在10%上下。为了"照顾"岛国的工作狂们,世界上第一碗方便面顺势诞生,之后,冷冻食品、罐头食品也纷纷登场。

此外,得益于家用电器的普及,1949年岛国家庭主妇料理家务的时间还在10小时左右,1973年这一数字已经降到不到8小时。1940年,每个岛国女性大概会生5个孩子,一般生育年龄则在23岁到35岁之间,等到最后一个孩子小学毕业,自己已经48岁了,而当时岛国的平均寿命也就49岁左右,如此看来,说彼时岛国女性的一生就是生儿育女的一生也不为过。不过到了1972年,每个岛国女性的生育数量下降到两个,并且她们集中在25—27岁这一年龄段进行生育,加上此时岛国的平均寿命已经达到75岁半,等最后一个孩子小学毕业,自己还有大把的时间可以用来自由支配。然而,出于日本房价的暴涨,年轻劳动力不足等原因,多数妇女并未过上悠闲的小日子,取而代之的是打着辛苦的零工，以维系家庭的生活开支。

普罗大众对政治的敏感度早已今非昔比。右翼激进分子依旧开着车身画有"大和魂"一类字样的车子在大马路"兜风"，并且多数时候会配几个高分贝的喇叭，里头持续播放着与这一时代格格不入的口号与音乐。多数民众对这样的场面选择视而不见，当然，或许有时候他们也会因为那过大的噪声而被吓到，并因此转过头去看上一眼。时至今日，岛国人民对这些东西更是早已司空见惯，倒是外国游客会时不时拿出照相机拍上两张照片，至于其中的政治意味，恐怕知之者甚少。此外，哪怕是2015年安倍内阁推出了与和平宪法基本精神相违背的"安保法案"，日本人的反应也远不如"安保斗争"时期那般激烈，此种对政治的无视，或是无知，恐怕也未必是件好事。

相比于对待政治的漠然态度，岛国人民倒是对1958年建成的一座红白相间的电塔情有独钟，并且热情不减。日本人爱学习、爱模仿的品格依旧未变，法国的埃菲尔铁塔是这座此后东京市内地标性建筑物的模板，只是，与此后岛国的另一件山寨建筑物——位于东京台场的自由女神像不同，它比模仿的对象还高出了几米。直到2012年，这座名为"东京塔"的建筑物都是东京市内的最高建筑,如果天气晴朗,在数百米高的瞭望台上,可以见到岛国人心目中的圣山——富士山。自它建成以来,数不清的岛国电视剧在此处取景。

纵然经济极度繁荣,物质极大丰富,但却掩盖不了日本社会的一系列负面问题。公害问题首当其冲,1967年日本的私家车保有量就已超过1000万台,排放的大量尾气导致空气遭到污染,哮喘病人激增,曾经美丽的神田川散发出一阵阵恶臭,甚至在里面都能见到废旧的家用电器;年轻人涌入大城市谋求发展,导致农村年轻劳动力的骤减;冲绳美军基地依旧麻烦事不断;官场腐败问题愈发严重;孩子们成了一个个应试机器;1958年就开始实施的《卖春防止法》只是让卖春的地点与方式发生了一些改变……

盛会

如果说要在日本经济高速发展时期,选一件最值得被世人记忆的事件,那么就非1964年的东京奥运会莫属了。

为了观看奥运会，不少日本家庭第一次下血本买了台黑白电视机，而牌子则多数是松下（Panasonic）。东京到大阪之间开通了一列名为"东海道新干线"的高速火车，它将相隔550公里的两座大城市之间的距离缩短到了三个半小时。这一年，东京的城市生活彻底改变了，风铃、蚊香、水井、洗澡盆、煤炭炉子一类的东西成为一代人的集体记忆，取而代之的是电话、空调、立体声音响、冰箱等等机械设备。大家开始在榻榻米上铺地毯，购买西式家具，时髦的年轻男女们则留起了长发，穿上了牛仔裤，听着摇滚乐，啃着汉堡包。

1964年，日本人终于以一种和平而又美好的方式融入了世界。遗憾的是，那位带领岛国进入"黄金时代"的池田也在这一年因病退休，并于次年离世。继任者是安倍晋三首相的外公岸信介首相的亲弟弟——佐藤荣作（1901—1975）。佐藤对吾国并不友善，不过，对美利坚却异常热情，他曾经是战后岛国任期最长的首相，只是这一纪录已被自家后人安倍晋三打破。此外，佐藤荣作也是日本迄今为止唯一一位获得过诺贝尔和平奖的首相……

此后没过几年，日本的国民经济总产值就到了世界第二位，但这一时期岛国的学生运动频发。比如，1968年发生在东京大学安田讲堂的那场斗争，最终，它以数百名学生遭到逮捕而草草收场。事实上，类似的学潮已经掀不起什么大的波澜，毕竟这个时候腰包里塞满了钱的日本人对未来充满希望，电视里播放的关于越南与东欧的悲惨境况或许只会让他们觉得自己出生在日本是一件多么幸运的事儿。二十多年前那场惨烈的世界大战逐渐在人们的记忆中远去，战后出生的一代日本人甚至都到了结婚生子的年龄。

1970年，作家三岛由纪夫自杀身亡。这位右翼狂人显然对当下的日本社会失望至极，岛国人民对美利坚的臣服是他们这类极端分子所无法忍受的，其中当然也包括那肤浅的美式流行文化。并且，缔结"安保条约"一类的东西在他们看来也实在有愧于曾经为国捐躯的皇国同胞们。不过，就像大家都认为三岛是一位杰出的作家而非政治家那样，他的剖腹通常也被视为一种艺术，或是某种与文学理念相关的行为，而非什么与政治相关的行动。何况，三岛还在自己的作品中多次提及剖腹的场景会让自己兴奋不已。

这年夏天，大阪的世博会倒是着实让日本人兴奋了一回。不出所料，美国馆里的人始终是最多的，大家往往需要排上几小时的队才能进去，不过好在日本人向来对排队乐此不疲，而里头最吸引人的便是阿波罗号飞船从月亮上带回的石头……

田中角荣

1972年7月，田中角荣（1918—1993）出任日本首相，这位出身农民家庭，且没有任何耀眼学历的人物成为岛国首相可谓轰动一时，新闻媒体纷纷开始报道新首相的成长之路，甚至一度让人感觉日本社会是否出现了真正的民主与公平。

事实上，在成为首相之前，田中就已经是建筑行业内一名小有名气的富翁了。虽然16岁孤身一人来到东京闯荡的田中早期生活确实比较艰苦，他做过学徒、杂工，但后来田中进入建筑公司，并与董事长千金结缘，此后，他的事业如日中天，加上日本经济高速增长时期房地产价格的暴涨，田中可谓赚得盆满钵满，建筑工程也为田中从政提供了源源不断的资金支持。如此看来，入对行是何等重要，也难怪田中曾誓言要将整个岛国变成一片建筑工地。

值得一提的是,田中角荣上台仅两个月就力排众议飞往北京,实现了中日邦交正常化,虽然在几个月前,美国总统尼克松(1913—1994)已经访华。与此同时,岛国也掀起了一股中国热,特别是上野动物园那一对可爱的熊猫康康和兰兰,人气颇高。

1973年,日本的卫生纸开始脱销,不知是否与该年爆发的世界石油危机有关。老一代日本人或许还能用硬邦邦的报纸替代卫生纸将就一下,但对于岛国的年轻一代来说,失去那柔软的卫生纸显然是难以接受的。总之这一年,日本的家庭主妇们多数都有过抢购卫生纸的经历。话说回来,类似的哄抢总是会伴随着某些危机时刻而发生,比如2020年新冠病毒的肆虐期也是如此,只是哄抢的对象除了卫生纸以外,还增加了口罩。

1974年,日本经济开始下滑,令岛国人民引以为傲的经济高速增长期就此结束了。那位逢人就握手的田中首相也在该年辞职,不过,两年后田中角荣遭到日本当局的逮捕多少令人有些意外,究其原因离不开"钱"与"权"二字,只是田中用钱虽狠,他的对手更老谋深算罢了。事实上，田中有着极高的政治天赋，加上他那敢作敢为的性格和大手笔的资金运作，自民党内多年来互相牵制的格局险些被打破，毫无疑问，这会得罪不少有头有脸的人物。

但事实证明，即便田中下台，乃至退出自民党，他的影响力仍不容小觑，其门人依旧控制自民党多年就是最好的证明。总的来说，在田中手里，日本人更有钱了，当然，腐败也更加严重。岛国各地都在大兴土木，城市面貌虽然焕然一新，但有些项目却不得不说是在劳民伤财。不过这显然不能让田中一人担责，至少类似的方针政策在池田勇人那里就已经非常明确了。

金钱的魔力

到了 20 世纪 80 年代，至少从表面上看，日本已经彻底告别了所谓的"战后"。美国某位知名大学的教授甚至在 70 年代末就喊出了"日本第一"的口号，当然，他的最终目的是希望让一向自傲的美国人学会虚心一点，不过，日本人却因此大受鼓舞……

岛国大学的校园里已经恢复了往日的宁静，但享乐之风也随即蔓延，不少学生开始打起了麻将，而且是在白天。到了晚上，他们则换上杂志里时常出现的潮流服饰现身迪斯科舞厅。1983年开业的东京迪士尼乐园更是吸引了各个年龄层的日本人，甚至有不少人购买了年票，每个月都要去上几回。

随着日本人的腰包越来越鼓，大家几乎都将目光投向了金融市场，关心的对象也逐渐变成了那冰冷冷的金融数字。在1985年的"广场协议"签订之后，日元大幅升值，东京黄金地段的房价甚至到了能够买下一个小国家的地步，也难怪会有日本人扬言要买下整个美利坚合众国。岛国人民在国内炒着股票、房地产，到国外就是抢购名牌商品，包包、手表、珠宝，他们或许产生了自己就是宇宙中心的错觉……

在新宿街头放眼望去，大家都穿着名牌服装，拎着昂贵的包包，戴着镶钻的手表，并且不时能闻到那刺鼻的酒精味，高档的红酒和白兰地成了普通饮料，打车回家成了一种日常，即便他们住得再远，又或者是有直达的电车。看来，金钱确实能让人疯狂。

然而，就像事物永远都存在正反两面那样，丰富的物质生活也会伴随着某些东西的消逝，比如那可贵的亲情。值了钱的房子让后代在继承权问题上斗得不可开交，甚至有的还为此上了法庭，这或许就是不少日本传统家庭在20世纪80年代解体的原因吧。也正是从这时候起，节假日跟团去海外旅行开始变得流行。此外，岛国的年轻人常年养尊处优，他们的精神开始变得萎靡不振，且毫无生机。新上任的首相中曾根康弘（1918—2019）在任期内搞的那些宣传也没有什么特别的新意，倒是容易让人联想起某些旧秩序下的东西，比如对天皇的尊崇和对日本精神的宣扬。即便如此，美国依旧是日本的老大哥这一点没有任何改变。

1989年柏林墙倒塌。曾经岛国人民的上帝——昭和天皇逝世，据说其去世的日子是人为选出来的，不少人在前一年就已经听说天皇会在次年的1月7日作古，想想也真是颇具讽刺意味。某位日本作家就曾说，大家都知道天皇会撒谎，所以他的死期虽然显得极其不自然，但并不会有多少日本人觉得意外。

接着，这位作家还道出，皇太孙出生的日子也是经过精心"策划"的，皇太子妃也得跟着演戏。如此看来，与其将责任丢给天皇一人,不如说是岛国当局,尤其是那冷酷的宫内厅(处理皇室事务的机关)的行为更为妥帖,毕竟皇太孙出生时昭和天皇早已不在了。然而,就日本人那"严谨"的作风来看,这些事的发生倒也能够被人理解,终归这也属于"有备无患"了嘛!

这一年,岛国人民正式迈入"平成"时代。接班的明仁天皇(1933—)比他的父亲看上去要和蔼不少,就实际情况而言,也确实如此。他会与自己的"平民皇后"(史上第一位平民出身的皇后)美智子(1934—)一同参加孩子学校里举行的运动会,在裕仁时代,孩子们可是会被长辈告诫不能睁眼看天皇本尊的,不然眼睛容易瞎掉;每当日本发生大型自然灾害,明仁也总是在第一时间赶到灾区安抚百姓,并时常跪在地板上与受灾群众逐一交谈;在不少重要场合,他也不忘提醒国民勿忘战争惨剧。

而至于此时的岛国人民,他们还在纸醉金迷中狂欢,日本的泡沫经济也在这一年达到了顶峰。上帝欲使其灭亡,必先使其疯狂。进入90年代,泡沫经济破灭,玩金融资本的人最终被金融资本狠狠地玩了一回,不少想着一夜暴富的日本人在一夜之间倾家荡产,甚至背上了巨额的债务。

股价暴跌、地价狂泻、银行倒闭,岛国自杀率也随之节节攀升。当然,也有不少人突然就不见了踪迹。东京上空阴云密布,人们仿佛集体陷入了沉思,又或者是新一轮的战后反思。不过,40余年经济增长的红利不至于让日本人一夜回到解放前,虽然物质享乐大不如前,但日子过得显然不能算差,只是那种暴发户式的疯狂几乎消失了,他们的性格也变得内敛了不少,从池田勇人开始的那条一门心思制造财富的路线似乎也走到了尽头。

对了,1990年,那部曾经风靡吾国的日本漫画《灌篮高手》开始在《周刊少年JUMP》连载,岛国也随即掀起了一股篮球热潮;樱桃小丸子也在这一年登上了日本的电视屏幕。

失落

1991年海湾战争爆发,日本人能做的就是给老大哥美国支付一笔巨额费用(约合130亿美元),当然,不能说这是一件坏事,只是美国人的高姿态多少会让拥有一些民族自觉的日本人感到不适,乃至耻辱,其中倒不一定仅仅限于右翼分子。1992年,明仁天皇首次访问中国;日本房价时隔17年首次出现下降。1993年,德仁皇太子(当今日本天皇)与外交官出身的小和田雅子(1963—)成婚,德仁的求爱之路可谓曲折。事实上,嫁入皇室对日本女性来说并无多大吸引力,甚至让她们颇为反感。毕竟进了皇室,别说想要搬个家,离个婚啥的了,即便是出去逛个街都将会成为奢望。此外,深宫戒律也不是一般人所能忍受的,德仁母亲美智子的遭遇即可说明一切。不过,皇室对男性似乎要宽容不少,比如平成天皇的那位二公子,与自己那喜欢将衬衫下摆塞入裤子里的哥哥不同,他曾留着一头披头士发型,开着甲壳虫汽车四处晃悠,至少给人感觉惬意不少。这一年,执政岛国数十载的自民党下野,"55年体制"宣告结束,究其原因,应该仍与贪污腐败相关。此外,某些实力派政客的出走也给自民党带来了不小的影响,比如那位主张修宪,宣称是时候让日本成为"正常国家"的小泽一郎(1942—)。1994年村山富市(1924—)出任首相;日本关西国际机场也在该年正式投入运营;大江健三郎(1935—)荣获诺贝尔文学奖。

1995年对日本人来说是灾难的一年，年初发生的阪神大地震是自1923年关东大地震以来规模最大的都市直下型地震。没过几个月，东京地铁沙林毒气事件震惊海内外，发动恐怖袭击的是奥姆真理教的人，他们中的不少成员还受过良好的教育。1996年的日本恢复了往昔的平静，不知是否与该年的亚特兰大奥运会有关，似乎有这类大型体育赛事的年份世界都会相对和平一些，当然，2020年是个例外。1997年，日本的消费税由原来的3%提至5%，岛国足球队首次取得了世界杯的入场券。作家渡边淳一的新书《失乐园》也在该年由讲谈社出版发行，面对记者的提问，渡边直言不讳"性爱是世界上最美好的东西"，婚外恋一时间成为岛国上下的热门话题，不少人在读了该书以后，都表示愿意去寻找属于自己的那个"失乐园"。1998年第18届冬季奥运会在长野举行，岛国人民热情依旧，但与1964年那场盛会相比，他们的兴奋度已不可同日而语。该年，朝鲜发射的火箭"不小心"掉到了日本本州岛东北的太平洋海域，让日本民众"受宠若惊"。著名导演黑泽明（1910—1998）也在这年去世了。1999年，一部名为《五体不满足》的书风靡岛国，他的作者是患有先天性四肢短缺的乙武洋匡（1976—　）。书的封面就是其本人的照片，所以看到那封面就足以给人以不小的冲击。毕业于早稻田大学的乙武于2001年与自己的学妹结婚，并生下了一个可爱的儿子。不过随后，以励志形象示人的乙武被爆出与多名漂亮女性发生了婚外情，不知她们是有独特的癖好还是发自肺腑地崇拜乙武，又或者仅仅是为了满足自己那旺盛的好奇心。但总而言之，乙武的人设就此崩塌。

或许是因为在政治、外交、经济领域均无大的建树，日本的整个90年代被媒体称作"失落的十年"。然而，真的是这样吗？恐怕也未必，毕竟评价标准，很多时候其自身就存在着巨大的缺陷。

新世纪

小泉纯一郎（1942—　）在新世纪当选日本首相，他那帅气的长相深受日本民众喜爱。并且，小泉还曾在街头演说中高呼"打破自民党"，这无疑赢得了不少渴望改变沉闷现状的日本民众的支持。他承诺上台后将进行一番大刀阔斧的改革，比如那令人厌恶的腐败问题，但对于这一类问题的处理结果显然会再次让人感到失望。不过，"得益于"英美新自由主义经济思想的熏陶，在国企私有化等问题上，大刀阔斧的改革确实出现了，这种强调市场自由竞争的理念虽然与日本乃至东亚的传统格格不入，但似乎也是大势所趋。此外，日美关系在小泉手里发展得不错，在其任职期间，岛国的自卫队也得以首次出兵海外，并且，小泉首相的民调率也始终不低。

2001年，日本环球影城（USJ）、东京迪士尼海洋乐园相继开始营业；为了同麦当劳竞争，岛国的吉野家等几家老牌餐饮企业将自己的牛肉饭主力产品价格下调至每碗仅200日元上下。2002年，日韩共同举办了第17届足球世界杯。2003年，宫崎骏导演的《千与千寻》荣获奥斯卡最佳动画长片奖。该年，一座名为六本木新城（六本木ヒルズ）的建筑正式对外营业，不少日本知名企业的总部也随即搬迁至此。话说"二战"后，这附近曾有一个美军基地，所以这里的夜生活格外丰富，东京最早的比萨店、汉堡包店也出现于此。在日本人最疯狂的那几年里，六本木地区可谓热闹非凡，这里的迪斯科舞厅挤满了人，但大家仍旧陶醉于其中。虽然泡沫经济破灭后，这里一度沦为外国妓女泛滥的红灯区，但没过多少年，六本木就又成了东京最繁华的地区之一，并且，处处散发出奢华的气息。2004年，日本男女平均寿命已经分别达到78岁与85岁，人口总数也创造了历史的新高度——1.27亿。

2005年，JR西日本福知山线铁路发生列车脱轨事故，造成百余人死亡；小泉首相依旧我行我素，第五次参拜靖国神社；年底，一个名为AKB48的女团正式出道，由于人数众多，不少岛国观众其实也分不清谁是谁。2006年，安倍晋三成为日本的新任首相；小泉在卸任前还不忘再以首相身份参拜一次靖国神社，而在此前，中日首脑已经有5个年头没有实现互访了。该年，有一件事可喜可贺，那便是时隔41年，日本皇室终于迎来了一位皇子的诞生，岛国上下也总算是松了口气。也正是在这一年，日本东京三菱银行和日本联合银行（UFJ）合并而成的"三菱东京UFJ银行"正式挂牌营业，它乃迄今为止岛国最大的银行。2007年，安倍晋三突然宣布辞职，令不少岛国百姓大跌眼镜；这一年的食品安全问题接连遭到曝光，比如那产自北海道的"白色恋人"巧克力夹心薄饼就被曝出篡改了生产日期。也难怪2007年的日本年度汉字是一个"伪"字。在2008年的北京奥运会上，岛国的选手们获得了9块奥运金牌；是年，国际金融危机席卷全球，日本同样无法幸免于难；福田康夫（1936—　）首相突然宣布辞职，麻生太郎（1940—　）接任。2009年，村上春树（1949—　）出版了一部名为《1Q84》的小说；岛国领导再度换人，新当选的首相是鸠山由纪夫（1947—　），但上任不满一年，他也火速辞职了……

虽然上述几位首相的任期不长，甚至都没挺到一年，但他们的来头却不小。鸠山由纪夫的祖父是日本前首相鸠山一郎，福田康夫的父亲是前首相福田赳夫（1905—1995），而麻生太郎夫人的父亲铃木善幸（1911—2004）也当过日本的首相。

这些年，东京的市长始终是那位著名的右翼分子——石原慎太郎，石原一边指责美国，认为如今岛国人民的精神空虚问题应该由他们负责，一边呼吁日本脱离华盛顿，其实这是一码事。在他看来，日本已经是时候恢复其在亚洲的盟主地位了。并且，和诸多前辈们一样，石原声称自己国家曾经发动的是一场关乎正义的战争。

令人感到不安的是，不少岛国年轻人对石原的言论并不反感，其中的原因是多方面的。年轻一代没有体验过真实战争的惨烈，随着三世同堂家庭的解体，爷爷奶奶们也在他们的生活里逐渐消失，随之消失的除了许许多多生活上的智慧，当然也包括那曾经苦难经历的传递。于是，即便是原子弹的惨剧，在年轻人看来或许也仅仅只是一则邪恶的物语而已。此外，战后日本以经济为主导的发展策略，也使他们未能充分地关注和认识政治相关问题。当然，日本对美利坚的依赖始终都是一个关键点，从这个意义上来说，150年前的黑船就像幽灵一般，从未真正离开过这座"孤岛"……

记忆

1946年　日本天皇发布《人间宣言》、日本国宪法颁布（次年施行）、东京审判开庭、中国爆发内战

1948年　第一次中东战争爆发、大韩民国成立、朝鲜民主主义人民共和国成立、中国发行人民币、大塚久雄《近代资本主义的系谱（近代資本主義の系譜）》《近代化的人的基础（近代化の人間的基礎）》问世

1949年　中华人民共和国成立、北大西洋公约组织建立（简称"北约"）、汤川秀树获诺贝尔物理学奖、和辻哲郎《伦理学（倫理学）》问世

1950年　日本成立警察预备队、朝鲜战争爆发、《中苏友好同盟互助条约》签署

1951年　《旧金山对日和平条约》与《日美安全保障条约》签署、西藏和平解放

1952年　丸山真男《日本政治思想史研究（日本政治

思想史研究）》问世、和辻哲郎《日本伦理思想史（日本倫理思想史）》问世、石母田正《历史与民族的发现（歷史と民族の発見）》问世

1953年　日本放送协会开始电视播放

1954年　日本自卫队正式成立

1955年　日本社会党统一、自由民主党成立、"55年体制"开始、柳田民俗学论争、加藤周一《日本文化的杂种性（日本文化の雜種性）》问世

1956年　《日苏共同宣言》签署、日本加入联合国、日本水俣病公害事件、第二次中东战争、丸山真男《现代政治的思想与行动（現代政治の思想と行動）》问世

1957年　梅棹忠夫《文明的生态史观序说（文明の生態史観序説）》问世

1958年　中国"大跃进"运动

1959年　古巴革命取得胜利、竹内好《近代的超克（近代の超克）》问世

1960年　日美签订《新安保条约》、安保斗争、彩色电视在日本开始出现、桥川文三《日本浪漫派批判序说（日本浪曼派批判序説）》问世

1961年　丸山真男《日本的思想（日本の思想）》问世

1962年　古巴导弹危机

1964年　日本开通东海道新干线、东京奥运会

1966年　中国爆发"文革"

1967年　日本颁布《公害对策基本法》、第三次中东战争

1968年　日本国民生产总值跃居世界第二位、川端康成获诺贝尔文学奖、美国反战运动、法国五月风暴、捷克斯洛伐克"布拉格之春"改革、吉本隆明《共同幻想论（共同幻想論）》问世

1969年　人类第一次成功登月（阿波罗11号）、东京大学安田讲堂事件

1970年　日本大阪举办世博会

1971年　中国重返联合国

1972年　美国将冲绳归还日本、中日邦交正常化（田中角荣访华）、札幌冬奥会、尼克松访华、广松涉《世界的共同主观的存在构造（世界の共同主観的存在構造）》问世

1973年　石油危机、第四次中东战争

1974年　日本经济在战后首次出现负增长

1975年　越战结束

1976年　日本发生洛克希德丑闻事件、毛泽东逝世

1977年　小林秀雄《本居宣长（本居宣長）》问世

1978年　《中日和平友好条约》签署、中国改革开放

1979年　中美建交

1980年　中国出台独生子女政策、两伊战争爆发（伊朗、伊拉克）、柄谷行人《日本近代文学的起源（日本近代文学の起源）》问世、加藤周一《日本文学史序说（日本文学史序説）》问世

1982年　鹤见俊辅《战争时期日本的精神史（戦時期日本の精神史）》问世

1986年　日本实施《男女雇佣机会均等法》、苏联切尔诺贝利核电事故

1987年　日本进入泡沫经济期

1989年　昭和天皇去世、柏林墙倒塌、冷战结束

1991年　日本泡沫经济破灭、海湾战争爆发、苏联解体

1992年　中韩建交、日本天皇访华

1993年　日本"55年体制"结束、欧盟正式诞生、中

国确立"社会主义市场经济"体制

1994年　大江健三郎获诺贝尔文学奖

1995年　日本发生阪神大地震、奥姆真理教东京地铁毒气事件

1997年　香港回归中国、加藤典洋《战败后论（敗戦後論）》问世

1998年　日本长野冬奥会

2001年　中国加入世贸组织（WTO）、美国发生"9·11"恐怖袭击事件

2003年　SARS病毒事件

2008年　中国汶川大地震、北京奥运会

2010年　钓鱼岛事件、中国上海世博会、中国国民生产总值超过日本（位居世界第二）

2011年　东日本大地震、福岛核泄漏

……

写在最后

怪诞日本的故事到此就结束了？显然没有，但我想讲的故事差不多已渐入尾声。

进入新世纪的第二个十年，突如其来的"3·11"东日本大地震给了岛国人民当头一棒；日本政府在钓鱼岛问题上的态度，使得中日两国关系持续恶化；消费税被进一步提高至8%；关于"万能细胞"研究的相关数据被曝造假；高仓健（1931—2014）去世；同性婚姻在东京涩谷区得到承认；SMAP解体；平成年代宣告结束……

在这个十年里，我曾八次来到日本，其间有过两回常住的经历。

起个大早赶往上海浦东国际机场的场景至今仍历历在目，初次踏上岛国土地，它的安静、整洁与秩序给我留下了深刻印象，当然，还有景区里那价格高昂的烤玉米。此外，岛国的空气里好像总弥漫着某种说不出的味道，可能是除臭剂？或是香水？至今我也没有去追本溯源。

2013年的某一天，当我信步于明治神宫，突然有人将一份报纸塞到了我的手里，原来东京又一次获得了夏季奥运会的举办权。那段时间，奥运会再一次成为岛国上下的热门话题，人们寄希望于它能够为沉闷的社会带来一些变化。然而，他们压根儿就想不到2020年会有一场突如其来的疫情。

2016年冬季的某个深夜，当一架国航班机降落在东京成田国际机场，我再一次踏上了东瀛的土地。刚到没几天，日本老师就约我在校园内的一家法式餐厅吃饭，其间还给我推荐了一款可以知晓自己所处位置海拔高度的手机软件，看来老师对5年前那场大地震所引发的海啸依旧心有余悸。饭后，他带我逛了一圈校园，讲述了一通关于"王道"与"霸道"的往事……当然，我也是头一回知道这里曾经是日本著名的"第一高等学校"，虽然模糊记得川端康成毕业于什么"一高"。对了，在此次见面之前，老师的一位学生帮着我办理了一系列入学手续，那是一位一边带着三个孩子，还一边在这里攻读博士学位的日本女性，每次见面，她都会给我两个红富士苹果作为礼物。

2017年，我在东京遇见一位老奶奶，她推崇茶道，爱看《三国志》。当得知我是一位来自中国的公费留学生以后，每次见面她都会塞给我10张1000日元的纸钞，说是让我拿着当零花钱用。和老奶奶吃过几次饭，她总是将聚餐的地点选在银座附近，比如那动辄消费数万元的帝国饭店。不远处的木村屋也是她津津乐道的一个地方，那是一家历史悠久的糕点店，据说，红豆面包是里头的招牌点心。

每次聊天，老奶奶总是对我说："现在的日本不安全，核泄漏污染了食品，朝鲜的导弹也随时可能飞过来，东京不知道什么时候会再有一次直下型地震，你还是早点回国好！"而老奶奶最引以为傲的就是她那在波士顿生活的妹妹，逢人总会炫耀一番，虽然她的妹妹只是一位生活在大洋彼岸的普通百姓。在我回国以后，老奶奶送给我一本书——《清贫的思想》，后来我才知道，这本书曾在20世纪90年代的日本风靡一时。

当写完本书的时候，我似乎对老奶奶的行为有了一些新的理解，时代造就了人，这话一点儿都不错，当然，这个"人"多指凡人，而非那些"跳出三界外，不在五行中"的高人。

言归正传，对于现代日本，我终究无法给出一个准确的定义，它虽然身处亚洲，但却是西方体系的一部分。从与日本人的接触中可以感知，他们中多数真正醉心的是西欧文明，而之所以亲美，则是审时度势之后的结果，就像他们曾经对待中国那样。然而，不得不承认，岛国人民有一种本领，那就是能够让不少新的与旧的东西做到并行不悖。

此外，日本在许多人眼里是一个宜居之地，国民注重信誉，素质也高，生产的东西质量可靠，表现出了卓越的匠人精神，并且他们还创新不断，尤其是在细节方面，简直让人无可挑剔。但如果被问及果真如此吗？纵观当今世界上的其他发达国家，我想，以上的说法并无大的不妥。

然而，对于一位并不了解日本的外国人，多少会觉得这个国家有些怪诞。实际上，日本人看我们也时常会有这种感觉。所以，本书所使用的"怪诞"并非真正意义上古怪、荒诞之意，它只是相对意义上的，或者仅仅是对于以前那个不太懂日本的自己来说的"怪诞"。

2000年以前，日本对于我来说就是"樱木花道"、"柯南"、"浪客剑心"和"美少女战士"，虽然父亲学过日语，并且老师还是东京帝国大学毕业的，但等到我成人以后，除了"中华人民共和国（中華人民共和国）""请喝茶（お茶、どうぞ）"等几句日语外，他便再无其他有关日本的记忆了，虽然父亲曾经是那么向往东瀛。

最后，我想说，历史并不是一成不变的，甚至连一般所谓的"真理"也是如此。历史叙述有时候更像是文学创作，当然，它还会兼具哲学的意味，在此意义上来说，"文、史、哲"确实无法分家。本书的内容自始至终都不是唯一的"怪诞日本史"，它终归只是基于我个人日本体验的一次总结与反思。

2020年夏